カベを壊す思考法

出口治明
立命館アジア太平洋大学（APU）学長
Haruaki Deguchi

本書は、２０１０年６月に刊行された単行本『「思考軸」をつくれ』（英治出版）を加筆修正したものです。10年前のこの時期、著者の出口治明先生（現在は立命館アジア太平洋大学〈ＡＰＵ〉学長）は、自ら立ち上げたまったく新しい形態の保険会社ライフネット生命で、１３０年以上続いていた「生命保険会社の常識」と戦っていました。そして、常識を打ち破ることに成功し、新たな道を歩み始めました。本書には、出口先生が、どのようにして「固定概念」や「常識」という壁を打ち砕いていったのかが詳細に書かれています。

今、私たちはウィズコロナという予想もしなかった事態に直面しています。コロナ前の常識は通用しなくなりました。これからは「新しい日常」を自ら作っていかなければなりません。本書には、私たちの「新しい日常」を創造していくためのヒントが数多くちりばめられています。

２０２１年、ウィズコロナというまったく新しい時代に必要な一冊として、刊行いたしました。

編集部

はじめに

本書の元となった単行本『「思考軸」をつくれ』を刊行したのは2010年6月です。還暦でライフネット生命を開業して2年目でした。その頃は1年半をかけて金融庁から開業の認可を取り付けたばかりのベンチャー企業で、社員も60名ほど。それもほとんどのスタッフの出身をみると、保険契約の引受や支払などの専門職を除けば、生命保険会社の経験者は皆無でした。そのうえ、僕も起業したのが、サラリーマンなら「もう定年」の60歳。立ち上げた生命保険会社も販売チャネルをインターネットのみに絞り込むというもので、まだ日本には影も形もないものでした。当時、みんなから非常識な挑戦だと散々いわれました。

しかし、僕はまったく非常識なことだとは思いませんでした。当時の日本の生命保険会社が提示する保険料はさまざまな特約が付けられ内容が不明瞭で、かつ小さな子どもがいる若い世帯など、本当に保険を必要とする人が気軽に入れる値段ではなかった。保険のしくみも値段もずっといびつなままだったのです。

保険の原点とは「転ばぬ先の杖」です。14世紀後半、海外交易が盛んだったイタリアのベニスの船主たちが、船が難破してもすぐに生活が破たんしないようお金を出し合い、互いに救済し合うシステムをつくった。これが海上保険の始まりです。火災保険は17世紀の半ばに起こった、ロンドンの大火災の後、海上保険にならってつくられたものです。

生命保険会社の本当にあるべき姿も同様に「転ばぬ先の杖」になることです。この原点に立ち返った生命保険会社なら、みなさんがきっと受け入れてくれると思いました。その思いを具体化するために、一つひとつ「数字・ファクト・ロジック」を積み上げていきました。その結果を起点に考えれば、世にまかり通っている「常識」なるものが、それほど根拠のあるものではないことがわかってきます。

ただ、できあがっている「固定観念」やシステムを変えていくのは容易ではありませんでした。新しい生命保険会社が開業するためには金融庁から免許を獲得する必要がありますが、戦後、生命保険会社系列以外で金融庁から免許を獲得できた例は一件もありませんでした。

そこで重要だったのが「ファクト」です。１９９５年に保険業法が改正され、指導理念がそれまでの護送船団方式から「利用者の視点に立った健全な競争を促進する」方向に変わっていたのです。僕は金融庁のウェブサイトに掲載されていた生命保険に関係する箇所を5年分ほど穴があくほど読み込み、たとえ独立系のベンチャー起業であっても、保険業法の示すとおりにしっかり起業準備を行えば免許が下りないわけはないと確信しました。「数字・ファクト・ロジック」を積み上げていけば突破口は見えてくるのです。

僕が「数字・ファクト・ロジック」が重要だと思う理由は、人は自分を中心にして、世界が同心円を描くように広がっていると思いがちだからです。しかし、それは「天動説」と同じで大きな間違いです。自分を「中心」から外して世界を見直したとき、世の中を構成している「常識」やシステムの外側には新しい別の世界が広がっていることに気がつきます。その世界に気づくための鍵が「数字・ファクト・ロジック」なのです。

２０２０年初頭には思いもしなかった新型コロナウイルスによるパンデミックが起

きました。

生活は一変し、ワクチンや薬が開発されるまでは、「ステイホーム」が原則となったのです。しかし、大自然を原因とする大きな社会的変化は、歴史上なんども繰り返し起こっていることです。そのなかで、人類は変化に適応して今の社会を築き上げたのです。

たとえば、新型コロナウイルスのパンデミックがなければ、これほどテレワークが急速には進まなかったでしょう。テレワークが進んだ結果、都心から郊外の家へと不動産の需要が大きく伸びました。一つが変われば、派生して多くのことが変わっていきます。ライフスタイルも大きく変わっていくでしょう。

新型コロナウイルスは大自然の脅威ですが、まったく新しい「日常」が目の前に出現したこともまた事実です。改革の壁になる「固定概念」や「常識」に大自然の力で風穴が空いたのです。「数字・ファクト・ロジック」を基に足下を見直したとき、困難に直面しているみなさんの前に、新たな可能性を見いだすことができる別の世界や新しいチャンスが広がるのだと思います。

僕が生命保険業界からまったく別の世界だった教育界に飛び込んだのは、古希（70歳）のときです。別の世界に踏み込んでいくのに年齢は関係ありません。人生100年の時代です。性別フリー、年齢フリーでこれからの世界は設計していくべきです。

今後、コロナウイルスが収まっても、何度も「大きな転機」は訪れると思います。その都度、困難なことが起こるかもしれませんが、何度でも立ち上がり、「最後に勝つ」ために、本書に記した僕の経験と思考法が、みなさんのお役に立つならこれほどうれしいことはありません。みなさんの忌憚のないご意見をお待ちしています。

（宛先）hal.deguchi.d@gmail.com

2021年2月

立命館アジア太平洋大学（APU）学長
出口治明

目次

第2章 難問を解決する軸となる「タテ・ヨコ」思考

第3章 自分に必要な情報のつかまえ方

第4章 生き残るためにやるべきこと

第5章 正攻法に勝る解決方法は、ない

第6章
「最後に勝つ」ために

▶序章

運命は、変わる

運命は、突然訪れる

「私たちは、生命保険を原点に戻す。生命保険は生活者の『転ばぬ先の杖が欲しい』という希望から生まれてきたもので、生命保険会社という、制度が先にあったのではないという、原点に」

僕が社長を務めていたライフネット生命のマニフェストには、最初にこう書かれています。

この会社を立ち上げたのは2008年5月。ライフネット生命はわが国で戦後はじめて、74年ぶりに誕生した内外の保険会社の資本が入っていない独立系の生命保険会社です。

日本には、僕がかつて勤務していた日本生命をはじめ、規模の大きな生命保険会社がいくつもあります。生命保険の世帯加入率も90%近く、まさに日本は世界でも有数の生命保険大国なのです。何も好き好んでそんな寡占的な業界に新規参入しなくてもよさそうなものですが、僕にはそれをせざるを得ない確固とした理由がありました。

「船は一艘《そう》、家は一軒、命は一つ」

これが保険の前提となっている考え方です。

14世紀後半のイタリアのベニスでは海外交易が盛んに行われていましたが、船舶の事故も決して少なくはありませんでした。一艘の船しかもたない船主は、その船を遭難などで失ってしまえば、たちまち生活が破たんしてしまいます。それではあまりにもリスクが大きい。そこで彼らは集まってお金を出し合い、それをプールしておいてメンバーの船が事故に遭った場合はそのお金を使って救済する、というシステムをつくりあげました。これが海上保険のはじまりです。火災保険は17世紀の半ばに起こったロンドン大火災の後に、一軒しかない家が火事で焼けても困らないようにと、海上保険を真似てつくられました。

そして、一つといえば忘れてはならないのが人の命。近代以前のヨーロッパには女性が就ける仕事がほとんどなく、一家の稼ぎ手である夫に何かがあると、残された妻や子どもは大変悲惨な思いをしなければなりませんでした。そういう悲劇を避ける目的でつくられたのが生命保険なのです。

18世紀のロンドンで生まれた世界初の生命保険会社であるオールド・エクイタブル社は、数学者ジェームズ・ドッドソンの考えに基づいて設立されました。ここを起点にして近代の生命保険がはじまったのです。

ところが、現在の日本の生命保険は、当時の姿とは似ても似つかないものになっています。さまざまな特約が付けられて複雑さを増した商品は、実体がよくわからないものになってしまいました。お客さまからすれば、「自分にふさわしい保険は何か」「どうなったら何をどこまで保障してくれるのか」といった生命保険を契約する際にいちばん大切なことがよく見えない状況なのです。支払った保険料のうちいくらが保険会社の営業経費（手数料）になっているのかも不明瞭です。しかし、保険会社はそういう情報を明らかにしないまま、「何かあったらどうするんですか？」「大切な家族を安心させてあげましょう」と恐怖をあおったり愛情あふれる言葉をささやいたりして顧客を獲得してきました。そして、その挙げ句の果てに起こったのが、社会問題となった保険金の不払い問題です。

ドッドソンがこうした日本の生命保険の現状を見たら、「これは私の考えた生命保険ではない！」と怒り出すに違いありません。そう、日本の生命保険は本来の趣旨や目的から明らかに外れて、いびつな姿に成長してしまったのです。そして、僕自身も長い間生命保険業界にいて問題を感じながらも、ついにそれを正常なかたちに引き戻すことができませんでした。

それが保険の現場を離れ、もう生命保険の仕事には携わることもないだろう、と思っていたところ、運命はそれを許してくれなかった。何の因果か、僕自身が新しい生命保険会社をつくることになってしまったのです。思わぬ運命に驚きましたが、そうなった以上は、常々日本の生命保険のあり方に異議を申し立てていた手前、「これこそが生命保険の真の姿だ」という理想の生命保険会社をつくらないわけにはいきませんでした。そして、僕は日本の生命保険を正しいかたちに修正し、次の世代に手渡そうと覚悟を決めました。

4章・16条から成るライフネット生命のマニフェストには、そのような想いが込められているのです。

左遷された清の役人、林則徐を見習う

なぜ日本の生命保険が健全さを失って歪んでしまったのか。最大の理由は野口悠紀雄氏がいうところの「一九四〇年体制」にあるのだと思います。

当時、第二次世界大戦に向けて「民間企業は国家の統制下に入らなければならない」という圧力が高まりました。金融業界でも金融統制団体令や金融事業整備令などが次々と施行されて、当時の大蔵省が銀行・信託・証券・生命保険・損害保険などの

商品や価格を一元的にコントロールするようになりました。この体制は、戦後もいわゆる護送船団方式というかたちでそのまま生き残り、生命保険業界では1995年の保険業法改正まで原則として手をつけられることはありませんでした。その結果、生命保険会社は自らよりよい商品を開発するという本筋を外れ、極論すれば、内容も価格も何一つ差がない、国が決めた画一的な商品を販売し、その営業力だけを競い合う存在になってしまったのです。

そして半世紀ぶりに実現した保険業法改正後も自由化はほとんど進まず、ようやく保険料の営業経費部分（付加保険料）が自由化されたのが業法改正から10年以上が経過した2006年4月のことでした。「いうことを聞くかぎりは国が守ってあげますよ」という護送船団方式のもとでは金融機関は利用者よりも監督官庁の顔色をうかがうようになり、健全な競争は阻害されます。これでは業界が発展するわけがありません。しかも、保険業法改正後は、自由化を進めようとする行政に対して、むしろ業界側が既得権を守ろうと抵抗する有り様でした。保険業界のなかで働いている人たちも

「これはどうもおかしい」と薄々気づいてはいても、誰もそれを変えることができなかったのです。

僕が尊敬する歴史上の人物の一人に、中国・清の役人であった林則徐《りんそくじょ》がいます。

19世紀、清の政府は林則徐を広州に送り、大英帝国から密輸されたアヘンの取り締まりを命じました。そのとき、彼がまずしたことは、大英帝国のことを知るために、当時入手できたあらゆる西洋の文献に目を通すことでした。しかし、歴史にはつきものの不測の事態が起こり、林則徐は左遷されてしまいます。左遷されたとき、彼は集めた文献を「これを漢訳しておけば、きっといつかは誰かの役に立つ」と考えて魏源《ぎげん》という学者に託したのです。そして、それを漢訳して書かれた本が、吉田松陰ら幕末の志士が明治維新の際に必死になって勉強した『海国図志』です。そのなかには、生命保険のことも紹介されていました。

なぜ林則徐は生命保険のことまで知ろうとしたのでしょうか？　それは大英帝国と戦うためには、政治や軍事のことだけでは決定的に不十分であり、その背後にある西洋社会のあり方を全体としてとらえなければならないと考えていたからに他なりません。つまり、林則徐は西洋という「森の姿」（全体の姿）を見ようとしたのです。

僕は長く生命保険業界にいて、そこにさまざまな問題があることを感じつつも、大組織の構成員として働くなかではその抜本的な改革はできませんでした。

日本生命での役職定年が近づき、保険とは関係のない子会社に出向することになったとき、頭に浮かんだのがこの林則徐のエピソードです。このタイミングを外したら次世代の人たちに自分の経験と知見を伝える機会はもうないだろう。そんな思いでまとめた本が『生命保険入門』（岩波書店）です。林則徐のように、常に時間と空間を超えて「公」のことを考え続ける人でありたい、そんな想いを込めたのです。

その後、運命は変わり、僕は自ら変革の当事者となるチャンスを頂きました。これは、林則徐でさえ手に入れることができなかった千載一遇の幸運《チャンス》です。だからこそ、僕はまったく新しいしくみの生命保険会社をつくり、業界をよりよい方向に変えたい、強くそう思ったのです。

業界を根底から変える会社をつくる。それこそが、自分を育ててくれた生命保険業界への恩返しになると、そう固く信じたのです。

矛盾を矛盾で終わらせない

日本の大きな社会問題として「少子高齢化」がいわれて久しいですが、特にこの問題の論者となることの多い中高年のみなさんには、「若い人の結婚願望のなさ」など意識の問題をあげつらう前に、まずは彼らの置かれている状況について虚心坦懐に認識してほしいと思います。

世帯主の年齢階級別に一世帯あたりの平均所得金額のデータを見ると、40代では一世帯あたり701万円、50代では730万円あるのに対し、30代では546万円、29歳以下になると317万円にまで下がります（厚生労働省・2008年　国民生活基礎調査の概況）。安定した正社員の座に中高年層が座り続け、若い層が非正規社員化した結果、大きな所得格差が生じているのです。

若い人たちは必ずしも「結婚したくない」わけではなく、低い所得によって「結婚できない」「結婚に踏み切れない」という側面が非常に大きいのです。これに加えて子どもが生まれれば、世帯の負担はいっそう大きくなります。

生命保険料はそうした若い世帯にとって大きな負担となる費用項目です。負担が重いがゆえに生命保険に入らない世帯も増えています。小さな子どもがいて本当に生命保険を必要としている若い世帯がその負担の重さゆえに加入することができない、そんなおかしな状況を放っておいていいはずがありません。だからこそ、僕は生命保険会社の経営を効率化し、保険料を抑えた商品を提供したいとずっと思ってきました。

ライフネット生命の設立にあたり、僕が掲げた目標は次の三つです。

一つめは20代、30代の若い子育て世代の保険料を半額にしたい。二つめは保険金の不払いをゼロにしたい。そして三つめは比較情報を発展させたい、というものです。

販売チャネルをインターネットに絞り、人件費や販促費の大幅なコスト削減を実現した結果、20代、30代のライフネット生命の定期死亡保険の保険料は大手生保の同等商品と比較してほぼ半額になっています。特約なしのシンプルな商品設計によりインターネットだけで十分な情報が得られるよう工夫した結果、現状で保険金不払いの問題は発生していません。これまで業界ではひた隠しにされていた保険料の原価構造（純保険料と付加保険料の内訳）を公開し、一般の方やファイナンシャルプランナーなど金融のプロの方とも頻繁に懇談することで、生命保険について自由に議論し、生命保険商品の比較ができる環境をつくりつつあると自負しています。

「安心して赤ちゃんを産み、育てる社会をつくりたい」。僕がずっと願ってきたことに貢献している手応えをひしひしと感じています。僕は10年間、社長・会長を務めて２０１７年にライフネット生命を退任し、経営の舵取りは若い次の世代に委ねました。

２０２０年、ライフネット生命はユニコーンの一つの条件である時価総額１０００億円に達しました。とてもうれしく思っています。

▶第１章

これまでの「成功法則」を捨てよ！

方針を決めるのに必要な五つの「考える軸」

日本には優秀なビジネスパーソンがたくさんいます。ただし、残念ながらその優秀さには、多くの場合「会社のなかで」という但し書きがついています。会社のなかで優秀だというのは、つまりは「特定の組織のパーツとしては優秀」だという意味です。パーツは取り替えがきくし、全体の枠組みが変わったら途端に使いものにならなくなってしまいます。

いついかなる条件下でも正しい判断ができる。未知の局面でも何が真実かを見極められる。本当の優秀さというのはこうしたことをいうのであって、これからの日本の社会が必要としているのは、もちろんこちらのほうです。

バブル崩壊から現在にいたる日本の停滞は、すでに戦後の繁栄の方程式が通用しなくなっているのに、相変わらず同じやり方を延々と繰り返してきたところに真の原因があると思います。もっとはっきりいえば、これまで「成功の法則」とされてきたことは、すべからく役に立たないものと思ったほうがいい。その上であらゆることをゼロベースで考え、新たな価値体系を構築していく能力が求められているのです。

しかし「すべてをゼロから考えろ」といわれても、「考える軸となるもの」がなければ、何が正しくて何が間違いかを判断することすらできません。軸というのは言葉を換えれば「思考する際の前提条件」です。「これとこれを前提に考える」という項目が自分のなかで固まっていれば、どんな事象に対してもブレることなく自分なりの判断を下すことができるでしょう。

「何を自分の軸とするか」、これには答えはありません。だからこそ、そこに人となりが現れます。僕もたくさんの軸をもって考えていますが、そのおもとになるものはだいたい次の五つです。

1．人間は動物である

人間は自分たちのことを「万物の霊長」と称して、この地球上で特別な存在のように思っている節があります。でも、その人間の最大の関心事は何かといったら、「魅力的なパートナーを見つけて仲よくなること」「腹いっぱいおいしいものを食べること」、そして「安心してぐっすり眠ること」ではないでしょうか。つまり、いくら「我々は万物の霊長なり」と胸を張ってみたところで、その実態はほかの動物と何ら変わりはないのです。だからお腹がすくと怒りっぽくもなりますし、夜は眠くなるのです。部下が仕事よりもデートを優先したら上司はムッとするかもしれませんが、動物の観点から見ればそれも至極当然の判断です。現代の生物学の知見では、地球上に存在するすべての生き物はそれぞれ最高度に進化して現在に至っているので、人間も動物もファクトとしては横一線なのです。

人間がある条件下でどのような行動をとるか、その行動を教育でどの程度まで矯正できるのか。それをいちばんよくわかっているのは動物学者でしょう。だから、僕は文部科学大臣には動物学者こそが適任だと思っています。もちろん、動物園の園長さんでもいいでしょう。

ついでにいえば、「母なる地球」と形容される地球は実際のところは鉄の塊であり、まったく生物にやさしくなどない単なる物体です。現実に地球は何度も生命の大絶滅を引き起こしています。人類が起こした文明はその鉄の塊の表面を覆う「カビ」のようなものなのです。環境問題の議論になると、国や地域のエゴがぶつかり合ってなかなか前に進まないのは、こうしたごくごく当たり前の共通認識がないことも理由にあると思います。

2. 人間はそれほど賢くない

人間はそれほど賢くはありません。それは長い歴史を眺めて見ればよくわかります。同じ失敗は二度としないどころか、何度繰り返しても懲りずにまた繰り返す。なかには賢い人もいるのでしょうが、そういう人だって全知全能というわけではない。賢い人も愚かな人も、人間全体で見ればその差はたいしたものではない、僕はいつもそう思っています。そんな人間が、世の中のすべての事柄に正しい答えを出せるはずがありません。名著『何でも見てやろう』（講談社文庫）を書いた小田実さんは「どこにいっても人間はみなちょぼちょぼや」と語っていました。まさに言い得て妙で、僕も「人間ちょぼちょぼ主義」です。あるいは「人間はみな猪八戒」といってもいいかも知れません。自分はもちろん、人間全体で見てもその能力なんてたかが知れている。そう思って謙虚にものごとにあたるほうがよりよい判断に結びつくと固く信じているのです。

3．人生はゴールが見えない「イエス・ノーゲーム」

「自分を楽天的だと思いますか？」などといった質問に「はい」「いいえ」で答えていくと、最後に「あなたの性格はこれ」という答えにいきつく。こういった「イエス・ノーゲーム」を雑誌などで見かけることがあるでしょう。僕が考える人生のイメージはこれによく似ています。

遠い先にゴールを定め、そこに最短距離でたどりつきたいと思っても、たいていの場合うまくいきません。道の途中にはたくさんの選択肢が用意されていて、そこでどちらを選ぶかによって進む方向がどんどん変わっていくからです。昨日の自分だったら「イエス」を選んでいただろうに、今日は何となくそんな気分になれず「ノー」といってしまった。たったそれだけのことでたどりつくゴールはまったく違ったものになります。だから、もともと銀行員になりたかったはずが、気がついたら八百屋の店先で大根を売っていた、というようなことが人生ではしばしば起こるのです。

また、「禍福は糾《あざな》える縄のごとし」というように、よかれと思ってやったことがとんでもない不幸を招いたり、最悪の選択が思いもよらぬ幸運に結びついたりすることが頻繁に起こるのも、人生がゴールの見えないイエス・ノーゲームだからです。そう思っていれば最初の想定と違う方向にいっても、とまどうことなくそのときどきで最良の意思決定ができるようになります。

4. 決めることとは、何かを捨てること

晩唐の詩人である李商隠《りしょういん》の逸話に次のようなものがあります。

李商隠が分かれ道の前に来るたびにはらはらと涙を流すので、不思議に思った農民が「なぜ、あなたは泣いているのですか?」と尋ねたところ、詩人は「片方の道を選べばほかの道に行けなくなる、それが悲しくて泣いているのです」と答えた、というのです。

何かを選べば、結果として何かをあきらめなければならない。何かを選べば、何かを失う。仕事であっても人生であってもこれが真理です。何かを決めるときには、このことを強く肝に銘じておかなければなりません。

ところが、日本人はどうもこの「トレードオフ」という考え方が苦手なようです。

以前、新聞のインタビュー記事で、プロテニスプレーヤーのクルム伊達公子さんがこんな話をしていました。伊達さんがドイツ人のレーシングドライバー、ミハエル・

クルムさんと結婚した当初、夫に「今日は何を食べたいか」と聞いて、それを一所懸命つくって出していたそうです。そうしたら、ある日、夫から「お願いだからそんなことはやめてくれ」といわれてしまった。「毎晩そんなことをしていたら、君がやりたいことができなくなってしまう。二人とも仕事をしているのだから外食でかまわない。つくりたいときだけつくればいい」

それを聞いて伊達さんは一気に肩の荷が下り、心の底から結婚生活を楽しめるようになった、というのです。

一日は24時間と決まっているのですから、仕事も家事も完璧にやろうと思ってもそれは無理に決まっています。それなのに、日本では妻が働いていようが育児や家事は妻がやるべきだと思っている男性が少なくありません。でも、そんなことは不可能だということは、ちょっと考えればすぐにわかりそうなものです。家事も育児も介護も、社会が後押しして男女が共に等しく分担するのが世界の常識です。日本ではいまだに家事や育児や介護を手伝う男性がすばらしいという偏見が至るところで見られます。

こういったアンコンシャス・バイアス（無意識の偏見）は困ったものです。「手伝う」という発想は、家事や育児や介護は本来は女性の仕事だというあり得ない偏見を前提にしているからです。

ビジネスの世界でも、このトレードオフという概念に慣れていない人によく出くわします。A案にもいいところがあるがB案も悪くない、かといってC案も捨てるのは惜しい……と悩んだ挙げ句、決断を先送りしてしまう。そういう人は、何かを決めることは何かを捨てることであり、両者はトレードオフの関係にあるということがわかっていない。あるいはトレードオフを引き受ける覚悟がないのです。

何かを取れば何かを失う、決して「いいとこ取り」はできないのです。これを思考の軸に加えておくことで決断は確実に速まります。

5．「おおぜいの人」を「長い間」だますことはできない

怪しげな教養の新興宗教やカルト教団が一時的に信者を集める、というのはいつの

時代にも見られる現象です。ただし、そういう団体の教えが国を席巻する大勢力になることはめったにありません。胡散臭い教祖が語る荒唐無稽な教えでも、たまたま失恋したばかりで心が弱っていたらつい信じてしまうかもしれません。それでも、全体で見ればおかしいものに対して警戒心を抱き、身構える人のほうが圧倒的に多いのです。そうした人たちをだますのは容易なことではありません。

まれにヒトラーのようなリーダーが登場し、国中が熱狂することもありますが、その場合も中身が本物でなければその熱狂は決して長続きしない、ということは歴史が証明しています。トランプ政権が好例です。要するに、「一部の人」を「長い間」だますことや、「おおぜいの人」を「一時的」にだますことはできても、「おおぜいの人」を「長い間」だまし続けることはできないのです。「エビデンス、サイエンス、専門家の知見」の三つで説得していけば、多くの人はいずれ気がつくのです。

僕が民主主義を信用している理由もそこにあります。決定に時間がかかるとか、大衆に迎合する衆愚政治に容易に変質してしまうなど、民主主義がさまざまな問題を抱えていることはよく承知していますが、それでも参加者全員の意見を反映しているので、一時的には間違えても長期的にみれば必ず正しい方向に向かう、という安心感があります。少なくとも一部のエリートがすべてを決めるシステムよりはよほど信頼できるはずです。

「よく考えたほうが間違えない」の嘘

部下のもってきたこの企画は理にかなっているかどうか。あの人の意見は信用していいかどうか。そういうときの僕の判断はかなり速いほうだと思います。それは僕が短気だからというだけではありません。深謀遠慮や沈思黙考には世間の人が思うほど効果がないことを、経験を通して知っているからです。

先ほど「人間は賢くない」といいましたが、かといって人間に生まれたことを悲観しなければならないほど人間は愚かな存在でもありません。あまりに無能で判断を間違えてばかりでいるようなら、今ごろ人類はとっくに絶滅しているはずですが、そうはなっていない。それは、少なくとも「生きること」に関しては、僕たちはかなりの確率で正しい判断ができるからではないでしょうか。

「人間は動物である」という前提にも関係しますが、猛獣に出くわしたり、山から岩が落ちてきたりしたとき、そこでいちいち熟考していたら命がいくらあっても足りません。つまり、僕たちの祖先はそうした場面で何をなすべきかを、瞬時に判断していたのです。そのＤＮＡを受け継ぐ現代人に同じことができないはずがないと思います。

だいたい「よく考えたほうが間違えない」という理屈があてはまるのは、最初から出題範囲や答えが決まっている学校のテストのような場合だけです。社会やビジネスの問題を解くときには「時間をかけてよく考える」というのは、必ずしも正しいとはかぎりません。そこには結果に影響を与える変数が無限にあるので、時間をかけて詳細に検討しても、判断の精度はそれほど上がらないのです。逆に判断に時間をかけることで、そこに欲や希望的観測という余計な要素が入り込んで精度が落ちる場合すらあるのです。

だから、僕は「直感で決める」ことを大切にしています。最初に述べたように、この直感というのは「何も考えずに決める」ことではありません。人間の脳は問題に直面した瞬間に、頭のなかに蓄積されている情報を高速でサーチし、最適な答えを導き出すようにできているのです。つまり、脳が最速で必要な情報処理を行った結果が「直感」なのです。

直感の精度はその人のインプットの集積で決まります。だからこそ、日ごろから読書をしたり、さまざまなジャンルの人に会ったりして経験の幅を広げ、インプットの量を増やしておくことが大切なのです。そのように努めれば、直感の精度は確実に高まります。常に、「人、本、旅」で勉強しなければいけないのです。

特に直感の精度が求められるのはリーダーになったときでしょう。極論すれば、リーダーというのは、「わからないことを決められる人」のことです。現場をいちばん知っているのは部下であり、上司はその詳細まではわからないのがふつうです。わからないなかで、日々多くの判断を下していくことこそがリーダーの役割なのです。

いちばんダメなのは〝宙ぶらりん〟の時間をつくること

ある日の午前中に、明日の会議で使う資料の作成を二人の部下に頼んだとしましょう。Ａさんは午後早い時間にもってきました。必要な要素だけを入れ込んだいたってシンプルなつくりで、誤字も何カ所か見つかりました。いっぽう、もう一人のＢさんのつくった資料は会議の直前まで時間をかけただけあって、レイアウトや色づかいにも気を配った素晴らしい出来栄えです。誤字脱字もありません。

さて、この場合、評価が高いのはどちらだと思いますか？

僕が上司なら、間違いなくＡさんのほうに高い評価を与えます。なぜなら、早く手元にもらえれば、それを見て追加資料を用意したり戦略を練ったりすることができるからです。多少誤字があったとしても、できあがりが早い分、修正の時間も十分にとれます。かたやBさんは、いくら出来栄えがよくても「時間をかけたのだから当たり前」という目で見られ、苦労の割には報われないといっていいでしょう。これまで日本の会社に多かったのは圧倒的にBさんタイプでした。「時間をかけてもミスのない完璧なものをつくることが重要だ」という考え方は、時間も経営資源も無限だという錯覚の代物です。長時間残業の問題も、元をただせば日本人のこの完璧主義と無縁ではありません。

しかし、これからの時代はこのやり方を踏襲していてもうまくいかないでしょう。繰り返しますが、僕たちに求められているのは、すべてをゼロから考え、新しい価値体系を再構築していくことなのです。そのためには、毎度時間をかけて一つひとつのことにじっくり取り組むなどという悠長なことをいっている余裕はありません。猛スピードで考え、次々と試行錯誤を繰り返していかなければならないのです。

そういう意味では、優秀なサッカー選手をお手本にするといいと思います。彼らはボールをもらったときに、パスをするかドリブルをするか、それとも自らシュートを放つのかを一瞬で判断します。下手な選手はこのときに迷ってしまうので、その隙に相手に詰められてボールを取られてしまったりするのです。

僕は、自分の部下には「小さなことでもすぐにどうするかを決めて早く行動を起こせ」と日ごろから話しています。判断に迷っている場合は「仮決め」でいいから、とにかく一旦結論を出す。決めてしまうことが重要なのです。あとになって間違っていたことがわかれば、そこで修正を施せばいいのです。判断材料が決定的に不足しているなど、どうしても保留せざるを得ない場合もそのままにはせず「今日のところは保留し、3日後に結論を出す」と決める。また、自分ではどうしたらいいのかわからない場合は、上司に聞いてもかまいません。ただし、その場合は「どうしたらいいですか？」と上司に一任するのではなく、「こうだと思うのですが」と、必ず自分の意見を付け加えることが重要です。

いちばんまずいのは、課題に対して優柔不断な態度をとることです。宙ぶらりんの時間は何も生み出しません。仮決めでも結論を出してしまえば、それがよかったのか悪かったのかを嫌でも考えるようになるので思考が深まります。また、一つ行動を起こせばそれぞれに対して反応が起きる、そうしたらまたそこでベストだと思う行動をとる、それを繰り返すことで状況はよい方向に動いていくのです。

極端ないい方をすれば、迷ったらコインを放り投げてその表裏で判断をしてもかまわないのです。そんな決め方であっても、何もしないでぐずぐずしているより、ものごとは間違いなくいい方向に進むはずです。そうやって仕事や意思決定のスピードを上げていくと単位時間内にできることが増えていきます。つまり生産性が上がるのです。

それから、自分で決めてやりはじめたことは、新鮮なうちに一気にやりきってしまうというのもスピードを上げるコツでしょう。課題にも「鮮度」があって、もっとも集中できるのは取り組みはじめた新鮮なときです。僕は怠け者なので、集中力が落ちた状態で長時間一つの課題にかかわるのはあまり好きではありません。だから、やると決めたらその日のうちにやり終えてしまいます。昼間のうちに終わらず夜の会食の時間がきてしまい、深夜にオフィスに戻って続きをやることもありました。それでも翌日に回すよりも効率よくできるのです。もちろん、残業や長時間労働は害悪だという前提を踏まえての話ですが。

時間というものは誰にとっても有限な資源です。それを効率的かつ有効に使える人は、今後ますます評価されるようになっていくでしょう。そう思って今日からあなたもスピードアップを意識してみてください。受け取ったメールには瞬時に返信する、そうしたことがよい訓練になります。

思考の時間が短くてすむのは、深く考える訓練ができているからです。眠りが深い人は短時間睡眠でも頭がすっきりするのと同じで、思考も深めれば深めるほど時間をかける必要がなくなるのです。鍵は集中力にあります。

スピードは、その人の生産性を決定づける重要な要因です。「力＝質量×加速度」というニュートン力学の公式は仕事にもそのままあてはまるので、同じ量の仕事（＝能力）ならばスピードが速ければ速いほど、相手に与えるインパクトは強まります。

「インパクト＝仕事量×スピード」なのです。

▶第2章

難問を解決する軸となる「タテ・ヨコ」思考

なぜ今、現状を打破する発想が生まれにくいのか？

毎年発表される「大学生の就職人気企業ランキング」を見ると、誰もが知っている大手企業がずらりと並んでいます。また、「新卒で入った会社に定年まで勤めたい」と考える人の割合は、それほど減ってはいないようです。

日本は、平成の30年間で世界のなかでの地位を大きく低下させました。購買力平価で見たGDP（国内総生産）のシェアは9％から4％に低下、IMD（国際経営開発研究所）による国際競争力は1位から34位に。平成元年（1989）には世界のトップ企業20社のうち14社が日本企業でしたが、現在は49位のトヨタ自動車が最高位という情けなさです。こうした状況では、「よらば大樹」という安定志向が正解だと多くの学生が考えるのは無理からぬことです。就職先として公務員の人気も安定しているようです。でも、大きな組織のなかにいれば安心だ、というのは果たして本当なのでしょうか？　そうであれば栄華を誇ったローマ帝国やモンゴル帝国が永く世界の覇権を握っていてもよさそうなものですが、現実はそうではありませんでした。

それに、ランキングに入っているような大企業に首尾よく入社できたとして、その後、本当に安定した幸せな人生が待っている、といい切れるでしょうか？

確かに大学を卒業後、誰もが名前を知っているような一流企業に入り、安定した収入を得て家族を養い、定年後はローンを払い終えた郊外の一戸建て住宅で悠々自適に暮らす、という成功モデルが機能していた時期もありました。しかし、そのモデルの賞味期限はとっくに切れてしまっています。「すべてを差し出す代わりに定年まで生活の面倒をみてもらう」という会社と従業員の関係も、終身雇用が崩壊しつつある今となってはもはや幻想でしかありません。働き方にしても、上司や先輩がやってきたとおりにやればうまくいくなどと部下や後輩が考えているようなら、その会社はすぐに倒産してしまうでしょう。

つまり、大企業に入れば安泰だとか、忠誠を尽くしているかぎり会社は裏切らないだとか、上司や先輩が答えを知っているとかいうのは、高度成長期からせいぜいバブルまでの間の短い期間にだけ通用した「常識」であって、不変の真理では決してないのです。結論をいえば、新卒一括採用、終身雇用、年功序列、定年というガラパゴス的なワンセットの労働慣行は、人の増加と高度成長が前提となっていたのです。そしてその前提は今やどこにもないのです。

けれども、僕を含め、人間にはなかなかこうしたことがわかりません。今日身の回りで起こったことが明日も起こると無邪気に信じてしまう。あるいは、現在自分が善悪や正誤を決めている基準が単なる思い込みかもしれない、と疑うことができない。

特に日本人は戦後あらゆることがうまくいって、焼け野原から世界第2位の経済大国に一気に駆け上がったために、経済的にみれば自分たちもたいしたものだ、という自信をもってしまいました。いつまで経っても日本が不況から脱出できないのは、その成功体験があまりに強烈だったことも影響しています。以前はこれでうまくいったのだから、何かをドラスティックに変えなくてもせいぜい微調整で乗り切れる。日本人がゼロからものごとを考えることが苦手なのは、この期に及んでも心のどこかでそう思っているからではないでしょうか。だからこそ、自らの経験に基づく根拠なき精神論に固執し、グローバルな判断基準である「エビデンス、サイエンス、専門家の知見」に基づく真っ当な判断がなかなかできないのです。

それから、日本人にとって「世界が閉じている」というのも、ゼロから考えることができないもう一つの理由だといっていいでしょう。学校を卒業して会社に入ったばかりのころは、誰もがネクタイを締めて出勤し、初対面の人に名刺を差し出すという毎日に違和感を覚えます。しかし、たいていの人はしばらくすると、それがふつうだと感じるようになります。つまり会社という環境に適応するのです。

ある程度まで環境に適応することは、働くため、ひいては生きていくために必要でしょう。しかし、自分の考えをもたないままに適応すると、今度はそこで行われていることを相対化することができなくなります。会社だけで通用する特殊なルールがそれ以外のところにも当てはまる普遍的なものに見えてしまうのです。これは何も会社に限ったことではありません。業界のなかでそこにどっぷり浸かっている人は業界の常識を疑うことができなくなるし、さらにいえば、日本という閉じた世界に安住していて広い外の世界を見ようとしないから現状を打破する発想が出てこない、ともいえるでしょう。

同じことをやり続ければ、間違える確率は、確実に高まる

「この先も変化がない」と仮定すれば、先例にしたがったり周囲と同じやり方をしたりして知見を高めることは、確かに合理的な判断だといえるでしょう。

しかし、実際には「変化がない」時代などあり得ません。新型コロナがその典型です。そして、さらに現代は、起き続けた変化の結果をまとめて引き受けなければなら

ない大変な時代です。変化はかつてより見えやすくなり、新たな局面が次々と展開していきます。何も考えずに昨日と同じことをやっていたら間違える確率が高まる。「何が正しいのか」という問いに対しては、その都度、今までのやり方をリセットして最初から考えるほかないのです。

前に述べたように、人間というものは、みなさんが思っているほど賢くはありません。

たとえば、先ほど挙げた人気企業ランキングですが、ちょっと歴史をさかのぼってみると１９４５年は石炭、１９５０年は繊維、１９５５年は化学業界の企業が上位に名を連ねていました。いずれも当時の花形産業ですが、今では人気業種とは言い難いでしょう。でも、よく考えたら、同じ企業や業界がずっと右肩上がりで栄えていくほうがよほど不自然ですから、ピークをつければ下がるのは最初から明らかだったともいえます。現時点の花形産業に就職すれば高値づかみになる可能性がきわめて高い。

それなのに、毎年学生が殺到するのはその時点でピークを迎えているような企業ばかり。要するに、最高学府で勉強しても、10年後、20年後を見通して行動することができない人がほとんどなのです。

こうした例は、ほかにもたくさんあります。周りがみなそうしているから何となくそれが正しいと思ってしまう。失敗が顕在化して自分が痛い目をみるまで気がつかない。人間というのはしょせんその程度の賢さしかない生きものなのです。これまで何かに成功したからといって自分は何事においても正しい判断が下せると思い込むのは大いなる勘違いです。僕はいつも自分にそう言い聞かせています。

失敗しないためには、何事もゼロから自分の頭で考えなければなりません。しかし、これは口でいうほど簡単なことではないのです。長年慣れ親しんだものの見方や考え方を手放すためには、自分の感情を理性でコントロールしなければならないし、それに成功したとしても、今度は自分のなかに新たな座標軸をつくらなければ次の判断ができなくなってしまいます。

「自分の軸をつくる」といっても、何からはじめればいいのか迷うのがふつうでしょう。ここでいつも僕が話しているのは「森の姿」をとらえよ、ということです。「森の姿をしっかりとらえなければ、木を育てることはできない」のです。森の姿を見る、というのは、つまりは今の自分、今の会社、今の日本がどんな位置にあるのか、いままでよりも一歩引いた視点で俯瞰してみる、ということです。

どうやったら「森の姿」が眺められるのか。そのためには、見るべき木を定め、それと周りの木を比べることからはじめます。そして、個々の木にとらわれることなく、視点を全体に広げていく。かつての木はどうだったのか、隣の木はどんな様子か、そうしたことをつぶさに観察し記録をとってデータを見ていくうちに、次第に森の姿の全貌が浮かび上がってくるのです。

難問に遭遇したとき、最強の武器になる「タテ・ヨコ思考」

「森の姿」をみるための方法は大きく分けて二つあります。

一つめは、歴史からみること＝タテ思考です。

人間というのは賢くはありませんが、それでも約20万年前に東アフリカの大地で誕生してから今日まで淘汰されずに生きながらえているのは、出来が悪いなかにも難局を乗り切る知恵をもった人が少なからず存在していたからです。そして、「人間がこれまで何をしてきたか」という記録は、少なくとも過去5000年分くらいは残っています。

だから、手ごわい問題に遭遇したら、古今東西の歴史のなかから同じようなケースを探し出して、先達がどのように対処し、その結果どういうことが起こったかを調べてみるのです。うまくいっている事例が見つかれば、それをそのまま参考にさせてもらうことができますし、望ましくない結末の場合も反面教師として活用することができます。

「何百年、何千年前の事柄が現代にあてはまるのか？」と疑問に感じる人がいるかもしれませんが、僕は有史以来、人間の脳の形状もサイズもそれほど変わっていないのだから、時代の影響はあるとしても、ある状況における人間の考え方や行動様式には基本的にそれほど差はないと考えています。ちなみに現代の脳学者の大半は、少なくともこの１万年ぐらいは人間の脳は一切進化していないと述べているのです。


もう一つは、ほかの国や地域から見ること＝ヨコ思考です。

日本は四方を海に囲まれた島国であり、言語もほかの言語との互換性が低いために、どうしても市民が内向きになりやすい特徴があると思います。それはそれで独自の文化が育つなどよい面もありますが、すでに述べてきたように、閉じた世界の内側だけを見ていると思考が硬直化・画一化して、斬新な発想が出にくくなります。そこで、僕はいつも何か考えるときには、解を「日本の外の世界」に求めてみるようにしています。

たとえば、日本は現在少子高齢化や年金問題など、さまざまな社会問題を抱えていますが、ひとたび目を海外に転じてみると、ほかの先進国でも似たようなことが起こっていることがわかります。それらの国がどうやってそれらの諸問題と対峙し、どのような解決策を試みているかを研究することによって、日本がこの先どうしたらいいかというヒントを得る可能性は大いにあると思います。

また、他国と比べてみることで、日本国内では常識と思われていることが実は非合理でもっと効率のいいやり方がいくつもあったと気づく可能性もあります。「今まではこうだったから、この先も同じでいい」という考え方はもはや通用しません。これからは何が正しいかを局面ごとに自分で考えて判断していく能力が、個人・学校・会社、さらには国家にも求められています。いわゆる探究力や問いを立てる力です。そして、それができるようになるためには、現在自分が生活する居心地のいい空間を突き抜けること、そして「歴史というタテ軸」と「世界というヨコ軸」を自分のなかにもつことが大切なのです。

この「タテ・ヨコ思考」こそが、自分なりの軸をつくるための最強の武器になるはずです。

タテ思考①
基準になる数字は必ず覚えておく。そして比較する

「タテ思考」というのは、歴史から学ぶことだと話しました。

ただし、これは巷間いわれるような「歴史小説を読め」「時代劇を見ろ」という類の話とはまったく別物です。僕も歴史小説は好きですが、これらはあくまで小説ですから都合よくつくられた部分が多い。僕が薦めたいのは、多くの「昔の事実」、つまり歴史から学ぶ、ということです。

「昔の事実なんてわかるわけがない」と思われるかもしれませんが、関連した歴史書・学術書を読み、データを眺めていれば、おのずと事実に近いところには到達できます。「いまはこうだけれど、昔はどうだったのだろう」と考え、時間軸を大きく過去まで延ばし、歴史のなかから参考事例や比較対象を見つけてきて、それらとの関係性のなかから真実を導き出すのです。

少し昔の話になりますが、2008年に行われた北京オリンピックでは、開会に先立って北京市内の大気汚染が問題になりました。急激な経済成長による自動車の増加や建設ラッシュの影響で、北京の空は年中スモッグで覆われており、屋外競技ができる状態ではない。開幕前からメディアはたびたびそのように報じ、実際、マラソンの世界記録保持者が大気汚染を理由にエントリーを早々と辞退したこともあって、日本選手団の健康を本気で心配する人も少なくありませんでした。

では、そのような北京でオリンピックを行うべきではなかったのでしょうか？

たしかに大気が選手の健康を損ねるほどの絶望的な状態であればそのとおりでしょ

う。しかし、「太陽がかすんで見えるほど空が汚い」とか「息苦しさを感じる」といったものは主観的な印象に過ぎないので、これだけでは正確な判断は下せません。

この問題に関しては、産業技術総合研究所の中西準子氏がもっとも的確な意見を述べていました。彼女のブログを読むと最初にこう書かれています。

「北京の大気汚染が酷いので、オリンピックに出場しないという選手がいるということが話題になった。オリンピックが開かれる北京の状況は、東京オリンピックの時と比べてどうだろうか？　東京のほうが酷かったのではないか？」

これがまさにタテ思考です。市場経済を導入して急成長を続ける中国が、「もはや自分たちはかつての発展途上国ではない」と世界にアピールする絶好の機会と考えて、オリンピックの自国開催に踏み切ったことは想像に難くありません。そして、これは東京オリンピックのころの日本の状況と非常によく似ています。

東京オリンピックが開かれた１９６０年代の日本も決して公害とは無縁ではなかっ

たはず。そう考えた中西さんは北京の大気汚染がどれほどのものかを判断するために、オリンピックが開かれた１９６４年当時の東京の大気を比較対象としました。

すると、北京の大気に含まれる二酸化硫黄は２００８年の東京と比べると約10倍という高い数値でしたが、１９６４年の東京はといえば、現在の北京よりもさらに約１・５倍という高い数値だったことが判明したのです。

北京の大気汚染が深刻だ、と聞くと中国への複雑な感情もあるのか、日本人はすぐに「オリンピックの開催地としてふさわしくない」というような極論に走りがちです。しかし、「東京オリンピックのときのほうがもっと空気が汚かった」という事実がわかれば、現実を踏まえて共通の比較軸をもって冷静に建設的な議論ができるようになる。これがタテ思考の効果なのです。

中西さんは同じブログで「何か基準になる数字は、必ず覚えて、常にそれと比較するというようにしたほうがいい、これが私の考え方だ」という主旨のことを述べています。この言葉はぜひとも心に留めておくべきものだと思います。

タテ思考②

長期のスパンで歴史をとらえること

２０１０年に、中国は日本のＧＤＰ（名目）を追い抜きました。そして、その瞬間に日本は長らく親しんできた「世界第２位の経済大国」という称号を失いました。

そのことを理由として急拡大する中国経済に警戒感を抱く人が増えたという人もいますが、僕にはまったく理解できません。今さら何をかいわんや、と思うからです。

世界銀行はＧＤＰを購買力平価で表示したランキングを毎年発表しています。それを見ると中国は２００１年の時点ですでに日本を上回っているのです。また、同じく２００８年のＧＤＰを購買力平価に均《なら》して世界に占める割合を比べてみると、概算でアメリカが20％、中国が11％、日本が６％となっています。オバマ政権になってから日本を素通りして中国にすり寄りはじめたアメリカを見て、メディアは「ジャパン・パッシングだ」などと恨みがましく非難していましたが、この数字を見ればその理由は明白です。中国のＧＤＰは日本の２倍近いのですから、アメリカにとっての重要度も少なくとも経済に関しては中国のほうが2倍大きい、と考えるほうが道理なのです。トランプ政権になって米中対立が激しくなったことを喜ぶ日本人もいますが、それは購買力平価ＧＤＰでみて米中が並んだことが背景にあるのです。

また、日本が中国に抜かれるなんて屈辱的だ、などといきり立つ必要もありません。各国のＧＤＰの割合（世界シェア）を２０００年という超長期スパンでみてみると、トップはほとんど中国とインドなのです。アヘン戦争直前の１８２０年でも、中国は世界のＧＤＰの32％を占めており、ダントツの1位でした。ちなみに2位はインド（正確には大英帝国の一部）、日本は10位のちょっと手前、というところです。

その後、中国はアヘン戦争で大英帝国に敗北して国力を大幅に落としますが、人口規模から考えると、世界全体における中国のＧＤＰシェアは20～30％が適切であると考えるのが自然です。つまり、現在の中国はようやくアヘン戦争以前の正常な状態に「戻りつつある」のであって、決して身の丈以上の成長をしているわけではなく、「中国が伸びた」というよりは「中国が戻ってきた」という表現のほうがふさわしいのです。

それから、年代ごとに人口の多い都市をリストアップしてみることでも、意外なことがわかります。たとえば、紀元1000年の上位10都市は次のようになります。

1. コルドバ（スペイン）
2. 開封《カイフォン》（中国）
3. コンスタンチノープル（トルコ）
4. アンコール（カンボジア）
5. 京都（日本）
6. カイロ（エジプト）
7. バグダッド（イラク）
8. ニーシャープール（イラン）

9．ハサ（サウジアラビア）
10．アンヒルバーダ（インド）
（注）Tertius Chandler. Four Thousand Years of Urban Growth:An Historical Census（1987）より

大都市はアジアに集中しているのがよくわかるでしょう。欧米では唯一入っているコルドバもこの時代はアラブ（イスラム）帝国の（後）ウマイヤ朝の首都でした。欧米が栄えるのは近代になってからで、それまではずっと「アジアの時代」だったのです。

タテ思考③

歴史は「三歩進んで二歩後退」を繰り返している

日本は戦後、バブルが崩壊するまで、ずっと右肩上がりの高度成長を続けてきました。しかし、その後は低迷を続けたままです。政府がきちんとした政策を行えば、この先なお毎年2~3%の経済成長は可能だ、と主張する学者もいるようですが、僕はそう単純には考えられないと思います。なぜなら、一つの国が永遠に発展し続けるというような事例は、人類5000年の歴史のどこを探しても見つからないからです。

人間だってそうでしょう。自慢ではありませんが、僕は小さいころから足が速くて中学~高校時代は100メートルを12秒ちょうどくらいで走っていました。ところが大学生になると13秒でも走れなくなってしまった。トレーニングをすれば違ったでしょう、といわれるかもしれませんが、中学生のときだってほとんど何もしていなかったのは同じです。のちに人間の運動能力のピークは17~18歳くらいだと知って納得しました。人間は動物ですから、全盛期を過ぎたらいろいろな能力が落ちるのは自然なことなのです。僕は年齢に抗うようなことにはあまり関心がありません。

そして、個々の国家にも、この「全盛期」という概念は当てはまると思います。

ＧＤＰの世界シェアで具体的に見ていくと、各国の全盛期は、フランスがナポレオン2世の19世紀中葉、イタリアがルネサンス盛期の15～16世紀、英国がヴィクトリア女王の治世である19世紀後半、ドイツが第一次世界大戦直前、アメリカが第二次世界大戦直後、そして、エジプトがクフ王のピラミッドをつくった紀元前２６００年頃の時代、日本が経済的な絶頂を迎えたバブル期の１９９０年前後、といったあたりではないでしょうか。

ただ、人類の歴史全体を見ると、いまだ進化の途上にあるといっていいのかもしれません。中世は地域の問題はその地域で解決するしか方法がなかったため、飢饉や凶作に見舞われればその地域の経済が激しく落ち込み、なかなか立ち直れませんでした。しかし、近代になって輸送機関や情報網が発達すると、空間や時間が致命的な制約条件ではなくなり、足りないものはすぐに他国から輸入することが可能になったので、景気のブレが小さくなってきました。

現代ではさらにグローバリゼーションが進み、空間も時間もほとんど制約条件ではなくなってきています。よい例が２００８年に起きたリーマン・ショックでしょう。１９２９年の大恐慌時と比較すると世界はずいぶん短期間で秩序を取り戻したように見えますが、それはインターネットの発達や各国の中央銀行の連携などで各国の距離が80年前とはケタ違いに縮まっていたからです。

けれども、歴史の進化を単純な上昇曲線でとらえようとしたら、間違えてしまいます。「三歩進んで二歩後退」を繰り返しながら、結果として少しずつ進化していく。これが僕の考える歴史のイメージです。二歩後退のなかには、トランプ政権のように大きく横道にそれることも多々あります。

ヨコ思考①
海外に難問解決のヒントがある

日本が現在直面している最大の課題は少子化だと思います。なぜなら、少子化は人口の減少につながるからです。どの時代の歴史を見ても人口が減って栄えた国や地域はありません。

この理屈は簡単です。莫大な資本を投下して巨大なショッピングモールをつくったとしましょう。商圏となる町にはおおぜいの人が住んでいるのに、昔ながらの商店街しかありません。そうしたら、おそらくこのショッピングモールは繁盛するでしょう。すると、次はそのショッピングモールに来るお客さんを当て込んだレストランや土産物屋などが続々と進出してくるので、その地域にはますます人が集まるようになり、繁栄していきます。ところが、その地域にたいして人が住んでいなければ、どんなに魅力的なショッピングモールをつくってもお客さんでいっぱいになることはないし、もちろん追随して出店するところも出てこない。つまり人口が少ないところには、人がモノやお金を運んでくるといったダイナミズムが生まれないのです。

日本の少子高齢化の進み方が著しいのは事実ですが、世界の先進国には同様の問題に直面している国が少なくありません。だから、目を世界に転じる「ヨコ思考」でこの問題を考えてみましょう。

少子化問題を考えるにあたって、僕がよく参考にしているのがフランスの諸制度です。２００８年の出生率２・０２を誇るフランスですが、１９９４年の出生率は１・６６でした。これを引き上げたのはシラク三原則をはじめとする矢継ぎ早に出された各種の対策と法整備です。ここには、日本にも見習えるヒントがたくさんあります。

定住人口を増やそうと思ったとき、とるべき方法は（１）子どもを産みやすくする、もしくは（２）外国の人に移住してもらう、という二つしかありません。

子どもを産みやすくするという視点で見ると、日本の政治家は「子どもを育てやすい社会にする」ということをほとんど考えていないのではないかと思えてなりません。
僕はずっと「国会議員は一度でもいいから全員、10キログラムの石を乗せたベビーカーを押して都内を移動してみたらいい」と主張し続けているのですが、自宅からJRや地下鉄を乗り継いで国会議事堂までいったい何人が苦労せずに来られるか、今でもぜひやってほしいと思っています。エスカレーターやエレベーターのないところで赤ちゃんを抱っこして重いベビーカーを担ぎ、階段を上り下りするのがどれだけ大変なことか、これは実際に経験してみないとわかりません。そうした基本的なバリアフリーができていない場所が都心ですらたくさんあるのです。これは、これまで政治家が子育てというものに真剣に向き合ってこなかったことを見事に象徴しています。

シラク三原則は概ね次のとおりです。

①子どもをいつ産んでも、そのために貧しくなることはない

②待機児童ゼロ
③育児休暇がキャリアの中断にならない

フランスでは、専業主婦よりも働く女性の出生率が高い、というところにも注目すべきです。一般的にいえば、外で働く女性はアクティブですから、安心して子どもを産める環境さえあれば１人より２人、２人より３人と、たくさん子どもが欲しいと思うようになるのでしょう。日本も、本気で女性たちに子どもを産んでほしいと願うなら、たとえば都心の主要駅や雇用者１００人以上のオフィスには24時間体制の託児所を併設すべし、と法律で決めればいいのです。駅の容積率を今よりも１００％上乗せし、増えた分の賃料を託児所の運営費に充てるようにすれば、利用者の負担もずいぶん抑えられるでしょう。こうしたインフラが整っていれば、保育園の送迎時間を心配せずにすむようになり、働く女性が子どもをもつハードルがぐんと下がるはずです。

子どもを巡る法整備にも問題があります。

「結婚していない親から生まれた」というだけで生まれてくる子どもが法的に異なった扱いを受ける、という状態は大問題だと考えています。誰が考えても明らかなように、子どもには何の罪もありません。ここは早急に民法改正に踏み切るべきです。

フランスでは1999年からＰＡＣＳ（パックス／連帯市民協約）という、非婚カップルも結婚している夫婦とほぼ同様の法的権利を得られる制度が導入されています。同性どうしのカップルでもＯＫなのですが、現在この制度を利用する圧倒的多数は異性のカップルです。もちろん親がＰＡＣＳであっても、それを理由に子どもが不利になるようなことは一切ありません。「子どもは次代の社会・文化の担い手なのだから社会全体で育てよう」という合意がフランス社会にはあるのです。そして、実際に今では子どもの半数がＰＡＣＳの親から生まれています。このように考えれば、夫婦別姓法案も早急に国会にあげて、可決するべきです。「日本の伝統」を心配する向きもあるようですが、平安時代を想起すれば、日本も昔は夫婦別姓の国だったことがよくわかります。そして、世界の先進国で法律婚の条件に同姓を強要している国は、日本以外にはどこにもないのです。

もう一つ、「移民の受け入れ」も少子化対策として無視することができない要素です。

少し時代をさかのぼって紀元前1500年のバビロンの様子を見てみましょう。

繁栄を極めたバビロンでは、都市住民が豊かになり、女性が文字を学ぶようになって出生率が低下していました。少子化は女性の識字率と反比例するといわれていますが、バビロンの総人口は減りませんでした。このとき、バビロンで何が起こったのでしょうか？　今まで10人の子どもを産んでいたバビロンの女性が5人しか子どもを産まなくなると、バビロンには新たに子ども5人分の生活空間が生まれます。すると、それを見た辺境のザグロス山脈に住むカッシート人やアラム人たちが大都市バビロンにやってきて商売をはじめ、そこで暮らしはじめました。カッシート人やアラム人は字が読めず、子どもをたくさん産むので、バビロンの人口は増え続けたのです。

今のアメリカに起きている事態も、これに近いことだと思います。

そして、この点でもフランスの対策は早かった。グローバリゼーションのあおりを受け、国内でも至るところでアメリカ化が進みつつある状況に危機感を抱いたフランス政府は、国外から移民を積極的に受け入れることにしたのです。

文化というのは突き詰めていけば「言語そのもの」です。この先フランス文化がじり貧になるのを防ぐためには、フランス語を話し理解する人を増やす以外に方法はない、そう政府や市民は考えました。旧植民地の北アフリカにはフランスに移住することを望んでいる人がおおぜいいます。そういう人をどんどん国内に移住させ、フランス語教育を施せばいいと考えたのです。移民は出生率が高いこともプラスに作用し、効果はすぐに現れました。過去20年間の人口統計を見ると、フランスの人口は一貫して増え続けています。

もちろん、移民受け入れにはたくさんの問題もつきまといます。フランスでもたびたび移民排斥運動が起きているのも事実です。

しかしながら、人口が減り続ける国家や地域に繁栄はあり得ない、そして歴史上の豊かな国や都市では移民が人口を下支えしてきた。これは紛れもない人類の歴史的な事実です。感情論に走らず、先を行く多くの国々の取り組みから学ぶべきことはもっとあるはずです。

ヨコ思考②
世界のなかの〝日本の非常識〟を知る

最近の若い人はあまり麻雀をやらないようですが、麻雀は自分の好きな手ばかりをつくっていたら絶対に勝てないゲームです。ほかの3人にどんな牌が流れ、何を考えながら打っているのかを推理しながら自分の手を進める、つまり、「木だけでなく森を見る」ことが麻雀で勝つための秘訣です。日本の問題を考えるときは、世界中の国々と麻雀卓を囲んでいると思えばわかりやすいのかもしれません。ただし、今のところ日本はあまりいい打ち方ができていないようです。

まず日本が手を打つべきは「女性の地位向上」に対するものでしょう。

世界経済フォーラムが公表しているジェンダーギャップ指数を見ると、日本は153カ国中121位（2019年）という体たらくで、「121位ショック」という造語まで生まれました。もちろん先進国のなかで最下位です。

これはどういうことかというと、ほかの先進国に比べて日本は圧倒的に女性の活用ができていない国だということです。小泉純一郎内閣は「2030」（2020年に女性管理職の割合を30％まで上げる）という意欲的な目標を掲げましたが、2020年の現実はまだ7～8％という低いレベルにとどまっています。人類の半分は女性だというのに、その半分の才能に活躍の場が与えられていなければわが国の国際競争力が落ちるのも仕方がないことでしょう。

その次に手を打つべきは「教育」だと思います。

日本はすでに斜陽化しかかっているのですから、教育で人材の底上げを図ることが急務です。それには小中学校のゆとり教育の是非などを議論するよりも、まずは今いる大学生がもっと学べるようなシステムをつくることからはじめるべきだと思います。

欧米の大企業や国際機関の幹部を務める人には優秀な人がたくさんいます。そういう人たちと話すと、例外なくマスターやドクターの学位をもっている。社会に出てから大学院に入り直したりして徹底的に勉強してきているのですから、優秀なのは当たり前です。

いっぽう、日本の企業には研究職を除くと、大学院卒の人はめったにいません。では、なぜ日本企業にはマスターやドクターが少ないかというと、名だたる大企業がいまだに学部新卒の一括採用システムをとっているからです。「仕事に就けるチャンスはここしかない」となれば、学生もそこに焦点を合わせざるを得なくなる。しかも、最近は３年生のうちに採用が決まってしまうことも多いので、大学生がまともに勉強できる期間は実質２年しかありません。世間に出てからグローバルに戦う相手は大学院までしっかりとトレーニングを積んでいるのに、こちらは学部でわずか２年間しか勉強していない。これでは戦う前から勝負がついているも同然です。

これを正すのは極めて簡単です。就職活動の動向を左右するような経団連参加の大企業が「うちの会社は大学在学中は採用活動を行わない」「うちは大学院生しか採用しない」「採用基準は学業成績を最優先する」などと宣言すればいいのです。

ライフネット生命は小さなベンチャー企業ですが、2010年度から新卒の定期採用を開始しました。ライフネット生命における新卒の定義は「30歳までの未就業者」としています。採用基準も思考力を見るため論文がメインです。ゆっくりじっくり、いろいろなことを学んできた人と一緒に働きたいと思っているからです。

ほかにも、ヨコ思考で考えればGDPの2倍にも及ぶ財政赤字や国会議員に占める世襲議員の割合が突出して高いことの異様さもよくわかります。世界のなかで日本がかなり危うい立場にあるということは、データを見てタテヨコに比較すれば一目瞭然なのです。

「昔の人はどうやって乗り越えてきたのだろう」というタテ思考、「ほかの国ではどのようになっているのか」というヨコ思考。思考をタテに掘り、ヨコに広げていくことが、自分なりの軸を築き、磨き上げるもっとも確実な方法です。

人間という生きものは、そう賢いわけでもなく本質が変わるわけでもないのですから、自分が今、問題にしていることに対する答えやそれに近いものをもっている人は、タテヨコに広く視野をもって探せば、必ずどこかに見つかるはずです。

▶第3章

自分に必要な情報のつかまえ方

人間は失敗を通じてしか学べない

「新しい企画を考えろ」といわれてもなかなか思いつかない、決断を迫られてもとっさに決められずつい先延ばしにしてしまう。論理的に考えたり話したりするのが苦手……。

こういう悩みを抱えているビジネスパーソンが多いので、発想法や決断力やロジカルシンキングをテーマにしたビジネス書が売れるのでしょう。その手の本はほとんどがコンサルタントやコーチングのプロといった人たちの手で書かれているので、きちんと読んで実行すれば、それなりに役には立つのだと思います。

けれども、解決策としてそういう本を読むのは有益なことでしょうが、僕はそれより先にやることがあると思います。それは「インプットの絶対量を増やす」ということです。僕が見るかぎり、日本のビジネスパーソンはインプットが質・量ともに少な過ぎます。何故かというと、長時間の労働プラス飲みニケーションで勉強する時間がとれないからです。仕事が思うようにいかないのはたいていの場合、インプット不足に原因があるといっていいと思います。つまり、技術やノウハウ以前の問題なのです。

何かを思いついたり、判断したり、論理を構築したりする行為を思考といいます。そして、あらゆる思考が行われているのは頭蓋骨のなかに格納された脳のなかです。脳は外界と接することができないので、目や鼻や耳や口や手足などのほかの器官を通じて情報を運び込んでやらねばなりません。僕たちはそうやってこの脳にストックしたさまざまな知識や情報を必要に応じて引き出したり組み合わせたりして、その結果を自分の意見や判断としてアウトプットしているのです。これは小学生でもアインシュタインでもまったく同じです。

たまに「アイディアが降りてきた」とか「天啓がひらめいた」などという人がいますが、これだって実際はもともと自分の脳に格納されていて意識していなかったものが、何かの拍子に顕在化したというだけのことでしょう。まかり間違っても宇宙や異次元からの発信を脳がキャッチしたのではないことは確かです。

要するに、思考の材料になるのは、どこかの器官を経由して、脳にインプットされている情報だけなのです。どんなに素晴らしい頭の使い方を学んでもインプットの絶対量が足りなければ判断の精度は高まらないし、発想の幅も広がらない。また、そういう人がいくら論理的に説明しようとしたところで説得力は高まらないのです。

前章で、軸をつくるためには「タテ・ヨコ思考」が有効だという話をしましたが、これについても同じことです。古代ローマ史を知らない、中国の古典など読んだこともないという人が歴史に解を求めようとあわてて年表を引っ張り出してきたところで、得られるものはあまりないでしょう。ほかの国の事例を参考にしようにも、日ごろから新聞を読んだり海外ニュースを見たりしていなければ、その意味するところを理解するのは無理というものです。

インターネットの発達によって、世の中に流通する情報の量は、飛躍的に増加しました。最新の学術論文ですら、発表された直後にもう自宅のパソコンから読むことができるのですから、まったく夢のような時代です。

しかしながら、そこには正確でなかったり明らかに間違いだったりするものも数多く含まれています。そういう意味では玉石混交で、それもかなり石のほうが多いといってもいいでしょう。それで一般的には「インプットする際は、情報をよく吟味して、信頼性の高い、自分にとって有用なものだけを選び出すことが重要だ」といわれているようです。でも、僕は必ずしもそうは思いません。

僕のインプット方法は「最初は自分で選ばず、とにかく大量に取り込む」というものです。自分に役に立つ情報だけを抽出することができればそれに越したことはありませんが、そんな芸当が最初からできるわけがありません。それであれば、自分のアンテナにかすったものはとりあえず片っ端からインプットする、と決めてかかるのです。

「そんなことをしたら時間がムダになるのでは」という心配も要りません。必要か必要ではないかと迷っている時間のほうがもったいないし、取り込む情報の量が多ければば多いほど処理の速度が上がるからです。ときには「毒」にあたることもあるかもしれませんが、多少は痛い目をみなければ何が真実で何が偽物かを見分けられる目は養われないし、有益な情報を選別する勘だってうまく働くようにはなりません。人間は失敗を通じてしか本当には学べないという習性がありますから、失敗の機会もまた多いほうがいいのです。画商は、何度も偽物をつかまされてはじめて賢くなっていくのです。

そうやってインプットの蓄積を増やしていくと、あるところを境にして、あたかも水槽の水があふれ出るようにラクにアウトプットができるようになる瞬間がきます。そうならないうちはまだまだインプットが足りないのです。

「量」と同時にインプットの「幅」も大切です。よく「自分の仕事や趣味の話ならいくらでもできるが、それ以外の分野のことにはまるで関心がない」という人がいますが、こういう姿勢だと、ものの見方や考え方が硬直化してしまい、肝心の自分の専門分野でも柔軟な発想ができなくなってしまいます。

とはいえ、書店に入ったらどの棚の前に立つかということがだいたい決まっているように、自分から未知の分野の情報を積極的に集めることは、なかなかしんどいこともまた事実です。

そこで、インプットの幅を広げるためには、生活のどこかを変えてみるといいと思います。たとえば、ランチをいつも同じところで食べている人は「これから3カ月間は今まで一度も入ったことのない店で食べる」とまず自分で決めるのです。そうするとイタリアンは嫌いだとか、この店は雰囲気的に入りにくそうだとかいう理由で敬遠していた店にも行かざるを得なくなります。そういう店にもしぶしぶ足を運び、慣れないメニューを眺め、いつもと違ったお客さんの会話を耳にするようになると、それがそのままインプットの幅を広げることにつながります。

ちなみに、僕は、昔、有楽町のオフィスに勤めていたときには、銀座の一丁目から九丁目までのレストランのランチを軒並み制覇しました。もっとも、僕の場合はインプットの幅を広げるためというよりは、いろいろな体験ができることがとにかく楽しかったからなのですが。

取り込んだ情報は、無理やり吐き出す

インプットを増やすためには、逆立ちするようにして考え、アウトプットの機会を強制的に設けることも有効だと思います。

僕が日本生命で働いていたころの部下にはとても優秀な人が多かったので、僕は「ひたすら仕事を与える」という方針で臨んでいました。周りからは、冗談半分で「エサを詰め込んで太らせる＝北京ダック方式」とも呼ばれていたようです。

このとき、僕が特に意識していたのは、部下にアウトプットの機会を与えることでした。なかでも特に「書く機会」をもたせることを大切にしていました。僕自身、書くことで自分の頭が整理され、次の仕事の質が高まることを実感していたためです。

たとえば、あるときには生命保険の業界研究誌に頼んで掲載枠をもらって、そこに部下に論文を書かせていました。保険のプロが読む雑誌ですが、寄稿する人が少ないので雑誌側は大喜びです。年間6回程度の枠をもらい締め切りを指定してもらったら、部下を集めてアミダくじを引かせて書く順番を決めます。部下にしてみれば締め切りが決まった大きな仕事がいきなり降ってくるわけです。しかも、雑誌の読者は同業者ばかりですから、いい加減な内容でお茶を濁すわけにもいきません。

部下には「テーマは自由、僕がいくらでも相談に乗るから」といっていましたが、「今の仕事で手一杯ですよ」と反発してくる人もいました。そういうときには、「これは一石三鳥なんだよ」といって説得していました。「一つには君が賢くなるでしょう。二つには多少なりとも原稿料が出る。最後に、もし優秀賞をとったら業界で有名になれるし、社内の評価だって高くなる」と口説いて、「こんなにいいこと尽くしなのにやらないのはバカげている」と続けると、たいていの部下は納得してくれました。

締め切りのあるまとまった量の課題に対し、ある程度の質のアウトプットを続けると人の能力は格段に上がる。この経験でそれを確信しました。

生きる指針となっている、キッシンジャー博士の教え

日本生命で働いていたときの社外の友人で、ワインに非常に詳しい人がいました。彼と飲みにいくとほとんどの時間がワインに関する講釈に費やされるのです。そのころ、僕はワインのことなどまるでわからなかったので毎回神妙な顔でそれを聞いていましたが、だんだんそれにも飽きてきて、自分もワインのことを勉強してみよう、と思い立ちました。

そこで図書館でワインに関する本を10冊ほど借りてきて、片っ端から読んでいったのです。1カ月ほどかけてすべてを読破したところで、折よく彼から誘いがきました。出向いてみると、今度はそれまでちんぷんかんぷんだった彼の説明が余すことなく理解できるだけではなく、彼の知識の足りない部分や間違いまでがわかったのです。おそらく彼も耳学問だったのでしょう。

知識が豊富になると、次は自分で飲んでみたくなります。そこで覚えたワインを端

から飲む、ということをしばらく続けました。店に入ったらメニューのなかからまだ飲んでいないワインを探し出し、料理との相性もおかまいなしに頼むのです。今から考えるとバカバカしい限りですが、そのときは名前を知ったワインの味をすべて自分の舌で確かめたい一心でそんな飲み方をしていました。おかげでかなり散財をしてしまいましたが、所期の目的はほぼ達成できました。もちろん、みなさんにはこんなバカげた飲み方はお薦めしません。ちゃんとしたレストランであれば、有名なワインよりもソムリエの薦める食事に合ったその土地のワインを飲むことがいちばんおいしい飲み方であることは明らかです。

ワインといえば、よく思い出すエピソードがあります。

僕は若いころ、国際政治学者のヘンリー・キッシンジャー博士にお話をうかがったことがあります。キッシンジャー博士は「人間はワインと同じだ」と表現していました。「つまるところ、人間は気候・風土の産物だ。要するに、世界中すべての人間は自分の生まれた土地を愛し、自分のご先祖さまが立派な人であってほしいと願っている。人間はそのように愚かしい生きものだ。しかしこれが現実である以上、私たちは必死に地理と歴史を勉強し、時間の許す限り、自分の足で世界を歩いてみないと、世界中の人と胸襟を開いて話し合うことはできない」という趣旨のことを語っていたのです。

この言葉は今でも強く胸に残り、僕の生きるうえでの指針となっています。

読書は〝食事〟と、同じである

僕の「インプット」のかなりの部分は本からきています。

僕は幼いころから本が好きで、小学校、中学校と学校の図書室にある本はほとんど読んでしまったという、いわゆる「本の虫」でした。しかも、その本好きは古希を過ぎてもまったく変わっておらず、今でも1週間に3冊程度の本を読んでいます。どんな種類の本でも読みますが、特に歴史や絵画、哲学、宗教、それに生物学や宇宙に関する本には目がありません。もちろん小説や文学書も大好きです。

読書というのは食事と似ています。何を食べたかは忘れてしまっても、栄養分は確実に身体に吸収されてその人の骨や筋肉やエネルギー源になっている。これと同じように、読書で得たインプットはたとえその詳細を覚えていなくても、確実に脳に蓄積されており、その人がものごとを考える際に使う思考軸の基礎を形づくるのです。

「歴史に残る偉業を成し遂げた人」に共通する特徴は何だと思いますか？

それは、フランス革命時におけるナポレオンのように「風が吹いてきたときにそれを逃さず瞬時に凧を上げることのできる体力と知力と勇気、それとセンスをもっていること」です。単に才能に秀でているだけではダメなのです。こういうことも偉人と呼ばれる人たちの伝記を何冊も読んでいると自然とわかってきます。僕が誘いを受けて１時間足らずでライフネット生命をつくることを決められたのも、「風をつかむタイミングを逃してはならない」ということが、読書を通じて頭のなかに刷り込まれていたからでしょう。

本というのは栄養ですから、たくさん読んでいれば自然と身についてきます。僕は本を読むときに線を引いたり、書き込みをしたりはしません。その代わり、書かれていることが気になったら、同じ著者の本をまとめて全部読みます。そうすると、その人のものの見方や考え方が自分のなかに取り込める、つまりは血肉化するのです。

「本を読む習慣がない」という人もいるでしょうが、そうした人は、ランチの食べ歩きで述べたのと同じように、自分のなかに「緩いルール」をつくるといいと思います。たとえば、芥川賞や直木賞の受賞作品を端から読む、あるいは新聞の書評欄で取り上げられているものを毎週1冊は読む、というように決めてしまう。それから、人から薦められた本は四の五のいわずにすぐに買って読む、というのもお薦めのルールです。

本は高くてもせいぜい数千円とそれほど大きな投資ではないですし、つまらなければ読むのをやめればいいだけの話なので、ここで躊躇するのはもったいないと思うのです。

入門書ではなく、分厚い専門書から読むほうが、効率がいい

読書について、技術的なことも一つだけ紹介しておきましょう。

ある分野の知識を早急に身につけなければならない場合は、関係ありそうな本を10冊ほど手元に用意し、「いちばん分厚くて難解そうな本から」読んでいくこと。僕の経験上、これがもっとも効率のよい方法です。


なぜ分厚い本が先なのか？　一見、薄い入門書からだんだんと専門性の高い厚い本に進んでいくほうが理にかなっているように思えますが、実はそうではないのです。

一般的に薄い入門書は、内容を抽象化してコンパクトにまとめたものですから、相当各部分が省略されているといっていいでしょう。全体像が把握できていれば、省略されている部分もある程度まで類推できますが、全体像を知らずに要約をいくら読んでもその分野を体系的に理解することはできません。つまり、いきなり入門書を読んで

も、そこに書かれていること以外のことには想像力が広がらないので応用が利かない。だから、入門書だけ読んでいても時間のムダになる可能性が高いのです。

いっぽう、分厚い本というのは多くの場合、その分野に関することが網羅的に書かれているので、基礎的な知識がない人にとっては読むのに相当骨が折れますが、頑張って読み通せば全体の輪郭が見えてきます。そうしたらもう何冊かこの手の本を読んでみる。わからないところがあってもかまわないし、ノートにまとめる必要もありません。だいたい4、5冊読むと、知識もそれなりに増え、おぼろげだった輪郭がだんだんはっきりしてきます。そこで薄い入門書を開くのです。そうすると、それまで混沌としていた部分がすっきりして、何が大事で何がそうでないかが一気にわかります。つまり、入門書というものは、すでにある程度下地ができている人が、知識や情報を整理するために利用するときにはじめて本当の威力を発揮するものなのです。

上質な情報は〝会いたい人〟が与えてくれる

ライフネット生命のオフィスの近くに「シェ・カザマ」という老舗のパン屋さんがあります。創業者でシェフを務める風間豊次さんは、パンを焼きはじめてから50年を超え、エリザベス女王や上皇后陛下のパンを焼いたこともあるという、たいへん腕のいい素敵な方です。

その風間さんに、直接お話をうかがう機会がありました。

中学を卒業してすぐにこの世界に入った風間さんは現場一筋で修業を続けますが、あるとき、「一流になるためには、もう一段上の勉強が必要だ」と気づきます。

パンづくりは西洋が本場ですから、海外で学ぶ機会ももちろんあったのですが、それをさらに本格的にやるとなると英語やフランス語を一から勉強しなければなりません。机の上の勉強から遠ざかっていた風間さんはそれにはあまり乗り気になれませんでした。そして、考えた末に出した結論は「それなら毎晩銀座で飲もう」。ヤケになったわけではまったくありません。夜な夜な銀座のバーに集う一流の人たちの洗練された会話を聞いていれば、自分のセンスも磨かれるだろう、それをパンづくりに活かそうと考えたのです。

当然、連日銀座の一流店に通えば相当のお金がかかりますし、体力的にも大変です。しかし、「これ以上効率的に、自分にとって必要な知識を手に入れる術はない」と確信していた風間さんに躊躇はありませんでした。そして、実際にその体験からヒントを得て、パンを装飾品として使う「パン細工」への挑戦がはじまります。

風間さんが独立して自分の店をもったのは53歳のとき。このとき銀行から借りた1億円近いお金はわずか5年で返済したそうです。それくらい風間さんのつくるパンは、開店当初から人気があって多くの人の支持を集めたのです。それは、きっと風間さんのパンに「上質なアウトプット」がたくさん詰まっていたからでしょう。風間さんのように「人から何かを得る」というのは、インプットを増やす最高の手段でしょう。

とはいえ、相手がいつも同じではインプットの幅は広がりません。僕は30歳からライフネット生命設立プロジェクトをはじめるまでの約30年間、平日に家で夕食を食べたのはおそらく1回だけだと記憶しています。誇張ではなく、本当に毎晩誰かしらと飲み歩いていたのです。

会食の相手はいつも社外の人でした。飲んで社内コミュニケーションをはかるという効能を否定するつもりはありませんが、同じ会社の人と飲むといつも仕事の話になってしまうのが何となく嫌だったのです。昼も仕事、夜も仕事では、朝昼晩と肉ばかりを食べているようなものでバランスがよくありません。昼間に肉を食べたなら、夜は魚や野菜を食べてこそ栄養バランスが保たれるというものです。強く意識していたわけではありませんが、さまざまな相手との会食は「限られた時間で多様なインプットをしたい」という僕の気持ちの表れだったのでしょう。

「会いたいと思った人にはすぐに会いにいく」「食事やお酒に誘われたら誰であろうと原則として断らない」「呼ばれたらどこにでも行く」というのが今も僕のモットー

であり、みなさんにもお薦めしたいことです。苦手なタイプの人からの誘いに応じるのは多少気が重いかもしれませんが、一見とっつきにくそうな人であっても話してみると意外な情報をもっていたり、新鮮な刺激を与えてくれたりすることがよくあります。だから、「誘いにはとりあえずのってみること」を基本にしましょう。行ってみて面白くなければ「ちょっと、明日の朝が早いので」などといって帰ればよいのですから。

「小さな危険」を積み重ねて、「大きな危険」を回避する

日本生命で営業をやっていたころ、日本全国の神社を回ったことがあります。

きっかけはあるお客さまとの出会いでした。その方は、会えばいつも神社の話ばかり。何度も聞いているうちに、「そういえば自分は日本人なのだから、神社のことぐらいもっと詳しく知っておいたほうがいいだろう」という気持ちになってきました。

それでその方に「何から勉強したらいいでしょうか?」と尋ねたところ、「まずは主だった〝一宮《いちのみや》〟を見て回ったらどうですか?」とアドバイスを頂いたのです。

一宮とは、簡単にいうと「各地域でもっとも格の高い神社」のことで、全国に１００あまりあるとされています。奇しくも全国の県庁が営業先だった僕は、地方出張のついでに時間があればその土地の一宮に足を運ぶようにしました。神社に行ったらまずお参りをして、それからその神社の由来（縁起）を読み、わからないところは宮司《ぐうじ》さんに直接うかがう。こういうことをしばらく続けているといろいろなことがみえてきます。

神社にもいくつかの系列のようなものがあって、応神天皇を祀った武家の八幡神社、富士山に由来する浅間《せんげん》神社、天照大神の伊勢神宮系などがあり、なかでも大国主命をお祀りする出雲大社系の神社がもっとも多く、信濃国一宮の諏訪大社や武蔵国一宮の大宮・氷川神社も出雲系である……といったことが40、50と神社に足を運んでいるうちに自然とわかってきて、神社めぐりがいっそう面白くなってきました。

このように、実際に自分の足で歩くことで、本を読むのとはまた違ったさまざまな情報を得ることができます。僕はこれまでおそらく世界の１０００を超える都市を訪れています。大好きなイタリアだけで１００都市以上にはなるはずです。そして、そこで見たり聞いたりしたことすべてが現在の僕の思考軸をつくる材料となっているのです。

旅はどこに行っても楽しいものですし、得るものもあるはずですが、僕自身は「人生は有限なのでどんどん新しいところに行きたい」と考えるタイプです。とりわけ、知らない都市の市場や商店街などを歩き回ることが大好きです。そして、僕の街歩きのモットーは「迷ったら細い道を選ぶ」。「明るくて安全そうな大通り」よりも、「細くて少し危うそうなにおいのする裏通り」を選びます。表通りばかりを歩いていてもその街の本当の表情はわからない、裏通りにこそ「真の人生」があると思うのです。

もちろん、みなさんに「危険を冒せ」というお薦めはできませんが、僕自身は知らない土地で旅人が多少危うい目にあうのは古今東西ごく当たり前のことだし、自分の身を守るために四方八方に気を配って感覚を鋭敏にしておくというのもまた当然のことだと思っています。実際、そうした経験から得た情報や対処法は深く自分の血肉となっています。

「小さな危険」にぶつかる経験を積み重ねることで、「大きな危険」を直感で判断し、避けることができるようになります。特に若い人は多少のリスクを引き受けて、どんどん外の世界で小さな冒険を積み重ねてほしいと思います。

一つのところでじっとしているほど危険な生き方はない

ホームグラウンドとアウェーとでは、どちらがよりたくさんのインプットが得られるかといったら、それは間違いなく後者です。温かくて居心地のいいコンフォートゾーン（ホーム）に安住するのはラクですが、そうした環境では脳は刺激を受けず、新しい情報も入ってこなくなります。本でも人でも旅でも安住する場所を一度は捨て、新しいものに飛び込んでいくことが、深く多様なインプットを得るためのコツだと思っています。毎日違う道を通り、違う店でランチを食べ、違う本を読んで、違う人と酒を飲む、いってしまえばたったそれだけのことですが。

仕事でも、それまで自分とは関係がないと思っていたテーマのセミナーに参加してみたり、他部署と合同のプロジェクト・メンバーに手を挙げたりするなどの方法で自分をいつもと違った場所に追い込むことも必要でしょう。通常の価値観から大きく離れたところを自分とつながる世界として捉え直す、いわば自分のなかに「辺境」をつくる、という感覚です。

たとえば、企業の合併・買収（M&A）も、大きな「辺境」ができる貴重な機会でしょう。遠くからやってくるのは自分たちとはまったく別のカルチャーをもった、いわば異民族です。当然、仕事の仕方も価値観も異なります。そういう人たちと融合して新たな組織をつくるには相当な覚悟と強いリーダーシップ、そして効果的なしくみが必要です。時間がかかり苦痛も伴う作業ですが、それ以上に貴重なインプットが手に入るはずです。そして、融合が成功すれば組織の緊張感は高まり、それはとりもなおさず生産性の向上に結びつきます。


人から何かの相談事をされたとき、僕のアドバイスはいつも同じです。

「変化の激しい今の時代、一つのところでじっとしているくらい危険な生き方はない。その場所のルールにしたがっていれば安心と安全が未来永劫保証されるというのは幻想に過ぎない。常に広い世界に出て変化にチャレンジし続けなくてはならない」

僕がこう述べると、「でも、ここを出たら何が起こるかわからないですよ」と反論する人もいます。

それはそのとおりです。踏み出した先は、きれいに舗装された街並みからは遠く離れた辺境の地です。そこには標識もなく足元は石ころだらけ。迷ったり転んだりして怪我をすることもあれば、はじめて会う人たちと言葉が通じず孤独にさいなまれることもあるでしょう。

でも、だからこそ一刻も早く、そこに足を踏み出すべきだと思うのです。辺境での対処の仕方は、辺境に身を置き、そこで失敗を繰り返すことからしか学べません。そして、そうやっていったん知識やスキルを獲得してしまえば、もはや辺境は恐るべき未知のフィールドから、勝手知ったる自分のホームグラウンドになってしまうのです。

壁が壊れ、外部から侵入者がやってきたとき、そこにいる人たちに対して的確な指示を出せる「異質の辺境の民」というのは、どの共同体にとってもなくてはならない存在なのです。

▶第4章

生き残るために
やるべきこと

「異質なヒト」をまとめあげる三つの要素

「日本に真のリーダーはいるのでしょうか？」

いきなり大きな問いで恐縮ですが、今の日本の元気のなさをみていると、原因はリーダーの不在にあるような気がしてなりません。

閉じた世界で毎日同じことを繰り返していて何とかなる状況であれば、リーダーの資質や能力はそれほど大きな問題にはならないでしょう。極端ないい方をすれば、そのような状況下では誰がリーダーをやろうがあまり関係がないのです。

ところが、周囲に壁をつくってそこで自分たちだけが幸せに生きていければいい、という鎖国的な考え方は、今や地球上のどこにいても通用しません。トランプ政権が好例です。そういう組織は生態系として見ても不自然ですから、いずれ必ず淘汰されます。そうならないためには、自分たちが今いる場所を外部に向けて開き、他者を受け入れるようにしなければならないのです。

日本は今、あらゆる組織が「閉鎖系」から「開放系」に移行することを迫られています。それは言葉を換えると、急激に変化する世界のなかでブレずに判断を下し、組織をまとめあげて臆することなく戦える「真のリーダーシップを発揮できる人材」が必要とされている、ということです。

では、真のリーダーシップとは、どういうものなのでしょうか？

総理大臣、会社の社長、宗教団体の教祖、サークルの責任者……、リーダーといっても率いる組織によって役割や権限の大きさなどはさまざまですが、僕は「これがなければリーダーたり得ない」という要素が少なくとも三つはあると思っています。

一つめは「やりたいことをもっている」こと。

一般的にはビジョンといわれているものですが、これは何も「地球の環境問題を解決したい」というような壮大なものでなくてもかまいません。極論すれば「パートナーともっと仲よくなりたい」といった極めて個人的な目標でもいいのです。「これだけは死んでもやりたい」という強い気持ちがリーダーにないと、メンバーは好き勝手に動くだけになり、組織はまとまることなく空中分解してしまいます。「これはどうしてもやりたい」という明確な「旗」を掲げられること、これがリーダーの第一条件です。

少しオーバーにいえば、僕は、すべてのリーダーのやりたいことは、「〝世界経営計画〟のサブシステムであるべき」だと思っています。要するに「世界をどのように解釈し、それをどのように変えたいと思い、自分はそのなかのどのパートを受け持ちたいと思うか」ということに他なりません。

二つめは「旅の仲間を集められる」こと。

「これがやりたい」と旗に掲げることは、たいていは一人ではできないことです。だから協力者や同士を集める必要が生じてきます。そのためには、ただ旗を立てるだけではなく、その旗にどんなビジョンが描かれていて、それを実現することがどれほど社会にとって有益かつ魅力的であるかを広く伝え、さらにはその旗を見た人に「自分

"Men wanted for hazardous journey.Low wages,bitter cold,long hours of complete darkness.Safe return doubtful.Honour and recognition in event of success."

(探検隊員募集。わずかな報酬。極寒。まったく太陽を見ない日が何日も続く。生還の保証なし。ただし、成功すれば名誉と称賛が手に入る)

もやってみたい」という気持ちを起こさせなければなりません。

僕はこの「仲間を集める力」を「共感力」と呼んでいます。そして、この話をするときにいつも思い出す求人広告があります。

これは1914年、ロンドンの新聞に掲載された「大英帝国南極横断探検隊」の隊員募集広告です。広告主は隊長のアーネスト・ヘンリー・シャクルトン卿でした。

よく読むまでもなく、労働条件は最悪です。でも冒険を求める人にとっては、これほど魅力的なコピーはありません。実際この広告の反響はすさまじく、世界中から5000人を超える応募があったそうです。そのなかから25人の精鋭を難なく採用したシャクルトン卿は稀代の共感力の持ち主だといっていいでしょう。

そしてリーダーに必要な三つめの要素は「旅の目的地までチームをまとめ、引っ張っていく」こと。

旗のもとに集まった人たちに思う存分力を発揮させ、ゴールに向かわせる、いわば統率力です。どんなに素晴らしい夢であっても、リーダーがその夢を実現するための具体的な道筋を示せなければ、せっかく集まった人たちもやる気を失い、離れていってしまいます。

メンバーのモチベーションを常に高い状態に保ち、さらに彼らの力を一つに束ねて同じ方向に進ませるためには、現実味のあるしっかりした経営計画が必要です。具体的にいうと、その経営計画には「いつまでに誰がこれだけのことをやる」という工程表が明確に書かれており、なおかつそれを一つひとつ確実にクリアしていけば、最終的に自分たちの目標が実現できるとメンバー全員が信じるに足る内容になっていなければなりません。それが経営計画の本当の姿だと思うのです。

激変する世の中でも、未来は予測できる

一般的に、夢は語れても、それをしっかりとした経営計画に落とし込める人はあまり多くはないようです。しょっちゅう経営計画が変わったり方向性がブレたりするのは、最初の経営計画＝「やりたいこと」の詰めがきちんとできていないからでしょう。

会社の経営計画は日々の仕事の土台となるものですから、ここがぐらぐらしているとメンバーは不安になり、仕事に全力投球できなくなります。ブレるリーダーの下ではメンバーが最大限のパフォーマンスを発揮できない、それゆえ成果も上がらないのです。

「そんなことをいっても、世の中の変化が激しいのだから、たびたび経営計画の変更を迫られるのも仕方がない」という意見もあるでしょうが、僕はそれは違うと思います。半年や1年で変えざるを得ない経営計画は認識の甘さの表れです。十分なインプ

ットとタテヨコ思考で「自分たちの立っているところ」を正確に把握できているなら、進むべき大きな方向性は変わらないはずです。風の強さまではわからなくても風の吹く向きはわかるはず、僕はそう思っています。

僕がはじめての著作『生命保険入門』の原稿を書いたのは2003年です。そこから今に至るまでにはリーマン・ショックや世界同時不況、コロナ禍などさまざまなことが起こりましたが、ライフネット生命の経営計画の根幹にはこの本に書いたことがそのまま再現されています。

もちろん、「未来がどうなるかは誰にもわからない」というのもそのとおりです。しかし、長いスパンで歴史を見れば、何の脈絡もなく突然時代があらぬ方向に動き出すなどということは、天変地異以外にはないといっていいでしょう。変化するにしても必ず予兆はあるし、それは社会を冷静に見ていれば察知できることが多いのです。トランプ政権が1期で退場したように、「歪みはいずれ正常な姿に戻る」というのは有史以来変わらぬ法則ですから、ふだんから問題意識をもって社会のおかしいところに注目している人なら、これからどこがどのように変わっていくかは多少なりとも予想がつくはずです。また、人間の本質や基本的な行動パターンは５０００年前から何も変わっていない、というのも未来を予測するときの大きなヒントになるはずです。

そして、風向きの読みさえ誤らなければ、少なくとも5年や10年は堂々と通用する経営計画をつくることができるはずです。

１９９０年代の終わりに中国の上海を訪れたときのことです。

当時の中国はまだめざましい発展を遂げる前夜ともいえる段階で上海浦東《シャンハイプードン》国際空港もできたばかり。空港と市街を結ぶリニアモーターカーはまだ影もかたちもありませんでした。空港に降り立ち、タクシーで市街へ抜ける道を走りました。きょろきょろ見ると周りは一面の原っぱ。「何だかさびしいところに空港をつくったんだな」と思いました。

その夜、上海市の幹部と夕食をとる機会がありました。

「新しい空港はいかがですか?」と聞かれたので、「きれいで立派ですね」と返事をして、ついでに「浦東はずいぶん空き地があるようでしたが、あんなに空けておくなら空港をもっと街寄りにつくればよかったのではないですか?」と尋ねたのです。すると、その幹部からは「浦東は空けておきたいのです」という意外な答えが返ってきました。そして、幹部は「この先、中国も周辺の国々も発展するでしょう。東アジアが大経済圏になったらロンドンのような金融都市が必要になる。何年先になるかはわからないけれど、浦東がその役割を担えるよう、私たちは挑戦するつもりです」と続けたのです。

広がる原っぱを前に、そうした壮大なビジョンを50年、100年スパンで描いている。やはり成長する国のリーダーは構想力が違うな、と感心した覚えがあります。

このような国という大きな単位でなくても、たとえば「自分の子どもや孫にどんな社会を残したいか」をいうことを不断に問い続けることが、ひいては事業におけるビジョンをかたちづくっていくのだと思います。

名もない会社に集まってくれた仲間へ、語ったこと

「やりたいことをもっている」「仲間を集められる」「チームをまとめ、引っ張っていく」

僕がリーダーに必要だと考える条件はこの三つですが、では僕自身にこの力がどの程度あるか、と問われればわからない部分もあります。人は自分自身のことがいちばんわからない、というのが常だからです。

ただ、僕の「やりたいこと」＝日本の生命保険を正しい姿にする、というのは、長年考えてきた結果その姿を明確に描くことができましたし、会社が船出するにあたっては、それに共感してとびきり優秀な人が集まってくれたことも事実です。

最初の旅の仲間は、当時のライフネット生命副社長の岩瀬大輔です。アメリカのハーバード大学経営大学院を優秀な成績で卒業したばかりの若い彼と、僕の「やりたいこと」が出会ったとき、そこに明確な「旗」ができ、それが仲間を集める目印となり

ました。

岩瀬の声かけによって、まだ会社のかたちも整っていない、金融庁から保険業を行うための免許も下りていないような段階の会社にたくさんの仲間が加わりはじめました。

僕は彼らに対して、僕たちの目指す「旗」がどういうものか、そして、それに参加することに対するメリットとデメリットを正直に伝えました。名もないベンチャーにたくさんの優秀な人が集まってくれているのですから、こちらとしては「この人には仲間になってほしい」という思いが強くなります。こうしたとき、ともすればいいことばかりをいいたくなるのが人情ですが、僕はその気持ちをぐっと抑えました。

共に長い旅路を歩くことになる仲間に嘘をついても仕方がありません。たとえば「この会社の将来展望はどうか」という問いへの答えがまだ必ずしも明確に語れないと思えば、隠すことなくそう語り、働きやすい環境を用意するつもりだが、あなたの人生に100％は責任をもてない、ということも率直に話しました。そのうえで「なぜ、あなたに仲間に加わってほしいのか」という理由を一人ひとりに丁寧に説明しました。

ライフネット生命にはマニフェストがあります。それは、「こんな生命保険会社をつくりたい」という僕たちの夢を文字にしたものです。このマニフェストを実現することが、自分の幸せにつながる。僕の話を聞き、同じ船に乗るという決断をしてくれた人はきっとそう思ってくれたのでしょう。本当に有り難いことだと思っています。

組織づくりの要諦は、「いかに異質なヒト」を集めるか

組織づくりの要諦は多様性の確保にあります。「いかに異質な人間を集めるか」にかかっているといってもいいでしょう。なぜ多様性がそんなに大事なのかというと、同質な人間ばかりの組織では変化に対応できないからです。

企業の場合、ともすれば今すぐ結果が出せそうだということで、同じ業界で実績を残している人や、仕事に必要なスキルをもっている人を優先的に採用したくなりますが、そういう人たちはひとたび市場や顧客のニーズが変わると、途端に力を発揮できなくなります。あるいは自分の過去のやり方が通用しなくなりつつあることに薄々気づいていても、積極的に変わろうとはせずに自分の慣れ親しんだやり方に固執してしまう。企業にとってこれほど危険なことはありません。

僕がライフネット生命を立ち上げるときに考えたのは、今ある生命保険会社の亜流ではなく、生命保険の原点に戻って商品を設計し、それを直接販売する正統な会社をつくる、ということでした。だから、採用にあたってはかつての部下に声をかけることもしなかったし、応募者が生命保険業界で働いた経験があるかないかについてもまったく考慮しませんでした。その結果、マーケティング・営業という生命保険会社にとってもっとも重要な部署の一つに生命保険業界の出身者がほとんどいない、ということになりました。

たとえば、立ち上げ当時のライフネット生命のマーケティング・営業部門の統括者は、以前はスターバックスコーヒーのブランディングを担っていました。

彼女は面接のとき、僕にこう述べました。「私は保険のことは知りませんが、B to Cのビジネスには自信があります。質のいいコーヒーを売るのも、質のいい保険を売るのも、基本的には同じはずです」

ライフネット生命はインターネットを使って個人に生命保険を直接販売するのですから、まさに彼女の述べたことは的を射ていると思いました。それに、インターネット専業の生命保険会社はライフネット生命がはじめてなのですから、本当の意味での販売経験者はいないはずです。むしろ、従来型の生命保険ビジネスに慣れている人はその経験が足を引っ張るかもしれません。そうであれば、契約の引受や支払など生命保険特有の専門職は別として、ライフネット生命では保険業界での経験は必ずしも意味をもつとは限らないと薄々感じていました。だから、彼女の採用に二の足を踏むことはまったくなかったのです。

僕自身は日本生命という会社に長く勤めてきましたが、その間に海外に赴任したり官公庁（当時の大蔵省や日本銀行）担当をやったり、同じ会社にいながら多様な経験を積ませてもらいました。また、多くの本、多くの人、多くの旅などを通して、自分とはまったく異なる価値観にたくさん触れることができました。だからこそ、還暦近くになって親子ほど年の違う岩瀬というパートナーと共にライフネット生命の起業に踏み切ることができたのだし、さらには百戦錬磨の他業界のプロフェッショナルを仲間として迎えられたのだと思います。

中途採用のスタッフは確かな実績をもち、自分の頭で考えて行動する人間ばかりです。「リーダーのいうことだから無条件にしたがう」ということもなく、何かを決めるときにはいつも僕や岩瀬を交えて侃々諤々の議論になります。いわゆる一般的な意味での「使いやすい」部下は一人もいないのです。それでも、いや、だからこそ、彼らと仕事をすることはとても刺激的で楽しく、僕自身も学ぶことが多いワクワクする毎日でした。

朝一通のメールで、気持ちを伝える

当時、僕は毎朝全スタッフに向けて短いメッセージをメールで発信していました。「みなさん、おはようございます」ではじまる本当に短いメールですが、お客さまからの言葉、最近会った面白い人、読んで面白かった本など、スタッフにちょっと知らせておきたいことを紹介していました。ある日の一通を紹介させてください。

みなさん、おはようございます！

日本語は孤立語だといわれています。どういうことかといえば、古くから多くの民族が混ざり合い、北方系のアルタイ諸語らしきものと南方系のオーストロネシア語族の言語らしきものが混交して、その起源が定かにはできない、ということらしいのです（今では、オーストロネシア語というのが多数説となっています）。

このように、日本は、世界でも稀な多民族国家です。
ただ、混じり合ったのが大昔、という特徴をもってはいますが。

当社もベンチャー企業ですから、1万年、5000年前の日本列島のようにいろいろな文化風土を身につけた「多民族」が集まっています。
これから、多民族が混交して、どのような文化（社風）が、形創られていくかとても楽しみですね！

一つ、大切なことは生態系のような「多様性」を保持することです。
金太郎飴のような会社だけは、願い下げです。採用に当たっては、

「違う」人のリクルートに留意してくださいね。

何度も繰り返している内容ですが、大事なことは何度話してもいい過ぎることはないと思っています

「定年制度」ほど、バカげたものはない

ライフネット生命には「定年制」がありません。それは、僕自身が長く働くなかで、仕事の実力と年齢は関係ないと感じてきたからです。会社をつくるにあたっては就業規刷も僕自身が書いたのですが、そこには定年についての項目は一切設けませんでした。優秀な人材を確保するために働けるかぎりは働いてもらう、それで何の問題もないと思うのです。

高齢化が急速に進む日本社会にあって、年齢が高いことだけを理由に働けないような制度をつくるのは本当にバカげたことだと思います。経営者にはアメリカの大統領

制のように任期があったほうがいいと思いますが、スタッフに定年制は必要ないと考えています。

このように、「定年なし」を掲げていると、「高齢者にやさしい会社なのですね」といったとらえ方をされることがありますが、これは少し違います。

年齢でその人を判断しないということは、逆にいえば若い人でも入ったばかりの新入社員でも、やる気と実力さえあればどんどん仕事も地位も与える、ということを意味します。いわゆる年功序列的な制度はまったくないので、会社に長く在籍していても実績を残せなければ上の立場にはいけませんし、本人も大変だと思います。実際に僕も親子ほどに年の違う社員たちと日々議論しながら経営をしていましたが、経営者として常に彼らを納得させる判断をし続けなければならなかったので、それはそれで大変でした。

つまり、「定年なし」というのは、僕たちの考える「究極の実力主義」の表れであって、格別高齢者にやさしい制度や会社というわけでは決してないのです。このような基本的な考えに賛同してくれる方であれば年齢や性別、国籍を問わず、誰でも仲間として一緒に楽しく働けると思っています。現在の森亮介社長は社長に就任したときは34歳でした。もちろん、日本の金融界ではダントツに若い社長ですが、年齢フリー、性別フリーで考えれば何の問題もないと考えています。

会社が生み出す商品には、働く人の姿が、如実に映し出される

ライフネット生命と同時期に、別のネット専業の生命保険会社が開業しました。こちらは大手の外資系保険会社が親会社となっており、バックアップ面でも知名度でもライフネット生命より圧倒的に優位に立っていました。保険料にも大きな差はなく、むしろ条件によっては先方のほうが安いこともあり、ライフネット生命にとって大きな脅威になると思いました。しかし、結果としては、開業2年後の保有契約件数はラ

イフネット生命が約4割上回ったのです。この要因はいくつかあると思います。

先方の会社は、幹部社員を保険業界出身者で固めたいわば「プロ集団」です。いっぽう、ライフネット生命には保険に関しては経験が浅いスタッフが多いものの、いろいろな業界で鍛えられた発想力、視野の広さ、行動力がありました。また、業界のセオリーを知らないので、問題に突き当たるたびにゼロから解決法を考えていった。そうしたことがプラスに作用した部分があったのでしょう。

それから、「マニフェストの有無」も大きいと思います。ライフネット生命のお客さまの声を聞くと、「マニフェストに惹かれた、好感をもった」という意見をたくさん頂きます。マニフェストは「ライフネット生命とはどういう会社で、なぜこういう商品を開発し販売しているのか」ということをわかりやすくまとめたもので、要するに経営方針をかみくだいたものです。なぜマニフェストをつくったのかといえば、僕たちのことをわかってもらったうえで、考え方に共感してくれる人にこそ僕たちの商品を買って頂きたい、と考えたからに他なりません。

生命保険は高額な商品です。お客さまには僕たちライフネット生命のすべてをお見せし、そのうえで商品を選び、会社を選んでもらえる関係でありたい、強くそう願っています。保険会社は多様な選択肢を提供する役割があり、そのなかから最適の商品を選んで加入するのはお客さまなのです。

そして、何よりもライフネット生命を強くしているのは、「楽しんで働くスタッフ」でしょう。僕は開業以来の最大の成果の一つとして、「社内に運動クラブが八つできたこと」を挙げていました。これは冗談でも何でもなく、どんな高い数字よりも「仕事を楽しみ、仲間をつくる」というスタッフの姿勢こそが会社を成長に導くと固く信じているからです。

日本生命時代に部門を率いていたときから、僕は売上や利益を目標の柱に立てたことがなく、最大の目標はいつも決まって「元気に・明るく・楽しく」でした。それは今でも変わりませんし、ランニングやフットサルなど、スタッフ60人弱の会社には多過ぎるほどの八つの運動クラブが自発的に立ち上がったことを、何よりもうれしく誇らしく思っています。

会社の生み出す商品・サービスには、そこで働く人の姿が如実に映し出されます。特に生命保険というかたちのないものをつくって販売する僕たちにとって、商品とはスタッフの姿勢そのものです。人は楽しんでのびのびと働いているときがいちばんよいものを生み出せるし、効率も上がります。ノルマでしめつけたり馬にニンジンのようなインセンティブでやる気を引き出したりする方法は一時的には効果を発揮しても長続きはしません。

そうした外的動機ではなく、「働くことが楽しくてたまらない」とメンバーが感じる内的動機がなければ、よい商品・サービスは生まれませんし、真の強い組織にはなり得ない。スタッフが楽しんで働いていなければ、お客さまのことを真剣に考えられるわけがないのです。だからこそ、僕はいつも「まずはスタッフが元気に明るく楽しく働ける環境をつくることからはじめなくては」と強く思っています。

すべての情報がオープンになるこれからの時代、「完全に他社と差別化した商品・サービス」などあり得ません。すべての情報が公開され、同じ商品をつくろうと思えばつくれる時代になってきます。世の中に本当にユニークなものなどどこにもない、となったときに、最後の勝負を決めるのは人と組織風土です。「朝会社に行くのが楽しい」とスタッフがニコニコ出社してくる会社であれば、絶対に他社に負けることはないと信じています。

世界中で日々多くの会社が生まれ、そして消えていきます。そのなかでどの会社が生き残るかを決めるのは、世の中の人々のいわば「多数決」です。多くの人が手を挙げてくれる、つまり社会から必要とされる商品・サービスを提供し続けるためには、「私たちは社会をこう変えたい」という大きなビジョンがなければなりませんし、それを具体化するための経営計画と、それに基づいて個々のスタッフに十分に活躍できる場が用意されていなければならないのです。

どんな人でも「いい仕事をしたい」と願っています。リーダーである僕にできることは、その思いをかなえるための手助けをする、ただそれだけなのです。

▶第５章

正攻法に勝る解決方法は、ない

正攻法に勝る解決方法は、ない

「仕事が速い」という要素は、ドッグイヤーに生きる現代のビジネスパーソンにとって最重要であることには間違いありません。そのためにムダを省き、インプットを増やし、瞬時の集中力、判断力を鍛えることはとても大切なことです。

しかし、最近では先に答えを教えてもらったり、攻略方法をあらかじめ手に入れておいたりして近道を行くことが、仕事のスピードを上げることだと思い込んでいる人が多いような気がします。ときにはそういうやり方が功を奏することもあるでしょう。けれども、あまりショートカットすることにこだわっていると、結果的にはそこに時間をとられてかえって遠回りになる、というケースも多々あるように思います。また、「効率的に働く」ことと、「単にラクをする」ことを混同することも危険です。

仕事でいちばん大切なことは、「最後までやり抜く」ことです。「確実に結果を出す」ことだと言い換えてもよいでしょう。そして、「そのためには何をすればいいのか」をとことん考えることがビジネスです。「要領よくやる」ことや「ラクをする」ことを重視し過ぎると、その方法を探すうちに貴重な時間を失ってしまったり、不十分な結果しか出せなかったりするかもしれません。それでは本末転倒です。

僕は、目の前の課題がたとえどんなに大きくても、いきなり横に跳んだり裏に回ったりはせず、まずは真正面に立って「この壁をどうしたら乗り越えられるのだろう」と考えることが大切だと思っています。よく考えて、「手間はかかるかもしれないが、こうすれば解決できそうだ」という方法が見つかったら、迷わずそれを選べばいい。なぜなら、ほとんどの場合、それこそが正解だからです。

「効率」という言葉を重視する人は、オーソドックスなやり方だと何だかムダが多いような気がするのか、正攻法に背を向け、ともすればわざと奇をてらったような手段を選びがちです。でも、多くの場合それは「策士策に溺れる」結果に終わることになります。堂々と正攻法でことにあたる。僕の経験からいって、結局はこれに勝る解決法はないのです。

たとえば、好きになった人に、「何とか自分の気持ちを伝えたい」と思っている状況を考えてみてください。相手の行動を調べて偶然の出会いを装ったり、誕生日を待ってプレゼントを贈ったり、友人にメッセンジャーになってもらったりするなど、いろいろな方法が思い浮かぶでしょうが、いちばん確実で速いのは「本人に会って直接告白すること」ではないでしょうか？ 成功の確率もこれがいちばん高いと思います。


ライフネット生命を立ち上げる過程で、株主をはじめとする周囲のみなさんからいちばん心配されたのは「金融庁から免許が下りるのか」という一点でした。保険業を営むためには金融庁から事業内容や商品内容などの審査を受け、認可を得なければなりません。

戦後に開業した生命保険会社は数多くありますが、それらはすべて内外の既存の保険会社の系列という位置づけでした。戦後に独立系のベンチャー企業が生命保険会社の免許を取得したケースは一件もなかったのです。

僕は長い間生命保険業界にいたので、この理由もよくわかっていました。親会社が保険会社であれば、業界ルールや常識にも通じているし、ノウハウももっているので監督官庁は安心して免許を出すことができます。逆にいえば、親会社どころか株主にも保険業の認可を受けている会社が一社も見当たらないベンチャー企業に免許を与える、という発想自体がこれまではなかったのです。

前例がまったくない状況で、免許が下りなければ会社は解散しなくてはなりません。苦労を重ねて開業準備をしてきた2年間がまったくのムダになります。そうした状況で僕がとった戦い方は「正攻法」でした。とはいえ、勝算もなくただむやみに敵地に乗り込んでいった、というわけではありません。それまでの「下調べ」のなかで、「正面から行けば勝てる」そうした確信ができていたからです。

最大の根拠の一つは行政や業界の状況でした。

１９９５年に保険業法が改正され、指導理念がそれまでの護送船団方式から利用者の視点に立った健全な競争を促進する方向に変わっていました。僕は金融庁のウェブサイトの保険関係の該当部分を5年分ほど穴のあくほど読み込み、改正した保険業法に沿った行政が行われていることを確認していました。たとえ独立系のベンチャー企業であっても、保険業法が定めた要件さえ確実に満たせば、免許が下りないわけはない。だから、あとは一枚一枚丁寧に書類をつくって金融庁に出向き、担当者の質問に丁寧に答えていくだけだ、と考えたのです。

もう一つの理由は人間の心理です。僕は日本生命時代に当時の大蔵省担当（ＭＯＦ担）をやっていたので、金融庁には何人か知り合いがいました。周囲からも「出口さんの人脈を駆使したからこそ免許が取れたのですね」といわれることもありますが、そうではありません。僕は申請時から免許が下りるまでの1年半、担当者以外の金融庁の人間とは会わないことを徹底して自らに課していました。その理由は「コネを使うなんて汚い」といった安直な正義感や美学からでは決してなく、論理的に考えて「正面から行ったほうが速い」という結論に達していたからです。

免許申請時に、僕たちと膝を突き合わせて申請書類をチェックするのは金融庁の第一線のスタッフです。彼らの身になって考えればすぐにわかることですが、「この会社・この社長に免許を与えたら、健全な競争が促進され、生命保険業界が今より好ましい方向にいくか」ということを審査しはじめたときに、上司から「この社長は知り合いだから、よろしく」などといわれたらどう思うでしょう。僕が彼らの立場であれば嫌な気分になりますし、ひょっとしたら審査を長引かせるなどの妨害をしたくなるかもしれません。第一線のスタッフから敵視されてスタートする会社がその後うまくいくとはとうてい思えませんでした。

いつも「正攻法」というと、「美学をおもちなんですね」ととらえられることもありますが、僕は「ビジネスに美学は不要」だと思っています。「何を美しいと感じるか」という主観的な要素をビジネスに持ち込んでしまえば、その時点で合理性が失われてしまいます。個人的にも美学や品格などという言葉はあまり好きではありませんし、「品格という言葉を使う人こそ、品格のない人」だとも感じています。

最短ルートを考え抜いたうえで、正規の手順で淡々とものごとを進めていく、これが僕の考える「正攻法」なのです。

ビジネスノウハウを掴み取る「道場破りの理論」

日本のなかだけをみていると、「これから先は市場も経済も縮んでいくだけ」という絶望的な未来を思い描いてしまいがちです。しかし、視線を横に移動すると、たとえば13億人の巨大マーケットを抱え、ものすごい勢いで成長しつつある中国という国があることに気がつきます。そのちょっと先にはインドもあります。そこに広大なビジネスチャンスがあると考えれば暗くなる必要などまったくありません。もちろん、ライフネット生命も海外進出を視野に入れています。

しかし、中国やインドがどんなに魅力的な市場であっても、最初のうちはよそものには知名度も信用もなければ勝手もわからない。待ち受けるライバルたちの実力も未知数なら、どんな戦いを仕掛けてくるかを予想するのも難しく、新参者がすぐにうまくいくなどということはまずあり得ないでしょう。そういう場面での振る舞い方はどんなものだと思いますか？　とりあえず末席に入れてもらって、様子をうかがいながら顔を売り、少しずつ真ん中のほうに移動していく？　僕はそうは考えません。そんなことをしていたら時間がかかって仕方がないからです。

僕の場合はここで「道場破りの理論」を使います。街の一等地にいきなり次のような看板を掲げるのです。
「僕は日本から来た出口治明というものだ。この分野では日本一を自負している。僕と勝負をしたいなら、いつでもかかってきなさい」

そうはいっても、本当に日本一でなくてもいいのです。看板に多少の偽りありでも、それを気にする必要はあまりありません。とにかく「何だか自信満々のやつが現れた」ということが知れ渡り、現地で話題になれば、第一の目的は達成されたといっていいでしょう。そうなれば必ず地元の腕自慢たちが「自分と勝負しろ」と集まってきます。もちろん受けて立ちますが勝てるとは限りません。はっきりいえば負けたっていいのです。
ボコボコにやられたら、素直に頭を下げて「身のほど知らずでした。この程度の力しかない僕が大きな口を叩いた無礼をお詫びします。つきましては、どうすればあなたのようになれるのか教えていただけませんか?」と相手に頼むのです。これこそが第二の、しかも本当の目的なのです。

わからないことを知るには、わかっている人、それももっともその分野に詳しい人に聞くのがいちばん速いに決まっています。しかし、はじめての場所ではそういう人たちがどこにいるのかわからないし、仮に情報が手に入ったとしても、見ず知らずの異邦人がいきなり訪ねていったところで相手にしてくれないのは目に見えています。だからこその「道場破りの理論」なのです。こちらから出向くよりも、向こうからやってくるように仕向けたほうが、速くて確実なのです。

創業以来のパートナーで、当時ライフネット生命の副社長を務めていた岩瀬大輔は、保険業界での経験は浅いものの、起業準備のときから猛勉強を重ね、今では生命保険に関する本（『生命保険のカラクリ』／文春新書）を出版するまでになりました。僕は彼に「次は英語で生命保険とライフネット生命に関する大論文を書いてほしい」と伝えています。

――日本には生命保険に造詣の深い岩瀬という人間がいて、その彼が経営に関与しているライフネット生命はマニフェストという哲学に裏づけられたユニークな経営戦略をもっている――

英語の論文をいくつも発表することで、世界の競合たちにそう知らせることができます。そうすれば今後ライフネット生命が世界のどこに進出するにしても、それによって現地の腕の立つ「道場破り」たちを呼び寄せることができるはずなのです。

ただし、この「道場破りの理論」を使うには、こちらにも多少なりとも腕がなければならないでしょう。箸にも棒にもかからない者が「かかってこい」と名乗りを上げても、看板の偽りがすぐにバレてしまいます。少々のはったりなら問題ないでしょうが、すべてが「張り子の虎」ではバカにされてしまいます。まずは「自分の道場」を開けるだけの力をつけることが必要であることはいうまでもありません。何事であっても勉強に終わりはないのです。

どこにでも「青い鳥」はいる

「自分に合った会社で働きたい」「自分がやりたい仕事をしたい」

学生と話をするとこんな話をよく聞きます。自分のやりたいことや適性を活かせる仕事に就くことでビジネスパーソンとして充実した毎日をおくることができる、いっぽう、そうでないと苦痛に満ちた日々に耐えしのばなければならない、彼らはそう思い込んでいるようです。いっぽうで、大企業や有名企業志向も相変わらずです。「やりたいこと」志向も「寄らば大樹の陰」志向も一つの就職観ですから、別に否定はしません。ただ、たとえそれがかなわなくても「この世の終わり」のように悲観しないでほしいと思います。

だいたい、この世の中で何でも自分の思いどおりにいくと思ったら大間違いで、思いどおりにいくことなんてほとんどありません。この世界に生まれてくること自体が、もともととても理不尽なことなのです。たとえば、この時代に日本に生まれてきたのだって自分が望んでそうなったわけではないでしょう（もちろん、紛争地域などではなくこのように平和で豊かな国に生まれたことは幸運以外のなにものでもありませんが）。生まれる時代も生まれる国も選ぶことができないように、人生はその多くが偶然によって決められ、人間はそれにしたがって生きていかざるを得ないのです。

僕は、就職もこれと似たり寄ったりのところがあると思っています。働く場所は自分で選べる、というのは紛れもない事実ですが、それでさえ実際のところは自分の意志や希望よりも運に左右されるところが大きいのです。それはどんなに優秀な人であっても変わりません。やりたいことや適性や企業規模などを選び続けていたら、範囲がどんどん狭くなってしまいます。さらに、仮に望みどおりの会社に入ったとしても、思い描いていたのとはまったく違う仕事をやらされるかもしれないし、上司と相性が合わない可能性だってあります。だから、入るところを厳選するよりも、むしろ「入った会社や組織を好きになる」というところにエネルギーを使ったほうがいいと思います。

世の中は自分の思いどおりにはならないし、すべてのことはトレードオフでいいとこ取りはできない。それを思考軸の一つにしていれば、もう少し気軽に仕事や働き方を選べるようになるのではないでしょうか。

僕が日本生命に入社したのもほとんどが偶然でした。

大学卒業後の進路を考えたとき、法学部に入った僕は「とりあえず司法試験を受けておくか」と思っていたところ、友人が民間企業を受けるというので一緒についていったのです。その先が日本生命だったわけですが、それだって、友人の下宿先が京都の三条京阪駅の近くにあり、京阪電車に乗って大阪に向かった終点の淀屋橋に日本生命の本社があったから、というくらいの理由です。彼の下宿が四条河原町の近くにあったら乗るのは阪急電車ですから、僕たちはきっと阪急電鉄か阪急百貨店を受けていたことでしょう。

日本生命から内定をもらい、いっぽうで司法試験には落ちてしまったので、「これも何かの縁だろう」と納得して、生命保険のことなど何も知らないままに入社し、そしてそのままその会社に34年間お世話になったのです。

当時、僕はどこにいっても仕事にはそう大きな差はないと思っていました。会社や上司から命じられたことをやって毎月給与をもらえるのですから、とにかく何でもやってみよう。楽しくなければ楽しくすればいいいし、もしどうしても楽しくできなければ辞めてしまえばいい。それもまた人生経験だからいいだろう。そんなふうに気楽に考えていました。大きい川の流れにゆったりと流されていく人生がいちばん自然で素晴らしいと思うのです。この基本的な考え方は半世紀にわたって働き続けた今もそう大きくは変わっていません。

「青い鳥がどこかにいるはず」と信じてずっと探して歩き回るのはしんどいことです。それよりは「どこにでも青い鳥はいる」と思って、日々を過ごしていくほうが確実に人生はラクになる、そう思うのです。

未知なる生活は、とことん味わってみる

日本生命に入社したとき、新人研修がありました。

170人くらいの新人を8人くらいのチームに分け、チームごとに選んだテーマでディスカッションをするというものです。ほかのチームは「生命保険業の将来」とか「保険の販売戦略」などとまじめなテーマを選んでいましたが、僕は知識もなく現場も知らない新人社員がそんな大それたことを論じても意味がないと思い、ほかのメンバーを説得し、「この研修は新人教育として適当か」というのをディスカッションのテーマにしたのです。

指導教官からは「ほかのチームはまじめにやっているのに、お前のところはふざけ

ていてけしからん」とえらい剣幕で怒られてしまいました。もちろん僕はふまじめな気持ちなどこれっぽっちもなかったので抗議しましたが、まったく聞き入れてもらえませんでした。もっとも、髪型は学生時代同様に長髪のままでしたから、ふざけたやつだと思われたのかもしれません。

最初に配属された京都支社では、日計表の貸し方と借り方の金額についてソロバンをはじいて計算して確かめる、という仕事を任されたのですが、左右がなかなか合わない。ほとんどの場合、差額は数円数十円程度なので、あるとき「それくらいだったら私が出しますから、もういいじゃないですか」といったら、このときも上司から「仕事というのはそういうものじゃない」とこっぴどく叱られました。

京都支社に2年いたあと、大阪本店の企画部に転勤になりました。当時の日本生命には麻雀好きな先輩が多く、残業をしていると雀荘から「お前も来い」という電話がよくかかってきました。「仕事が終わりません」というと「そんなもの朝早く来てやればいい」といわれる。その仕事を僕に指示した上司がそういうのですから、従うよりほかありません。それで僕は雀荘に駆け付け、深夜まで先輩たちと卓を囲んで、翌朝6時ぐらいに出社して仕事をこなす、という日々をおくっていました。

こうして思い返してみると理不尽なことばかりのようですが、僕は「何だか学生のときと勝手が違うな」と思うことは多かったものの、それで会社が嫌になる、ということはありませんでした。たくさんの面白い先輩や自由にやらせてくれる上司に恵まれたこともあって、そうした状況を楽しんでいました。残業を頼まれるのも上司の麻雀につきあわされるのも、そうしたことを全部含めてサラリーマン生活なのだろうし、まずはその文化にどっぷり浸かって、この未知なる生活をとことん味わってみようと思っていたのです。

自分のもつ軸に多少なりとも自信が出てくれれば、異なる文化を受け入れることもそれに馴染むことも、そう怖いことではなくなるはずです。

「些細な仕事でも必ず目的がある」を理解すると、楽しくなる

世間には仕事が楽しくない、やりがいを感じない、という人が多くいるようですが、それも考え方次第で何とかできる部分が大きいように思います。僕は新入社員の時期を過ごすうちに「仕事というものはそれがどんなものでもやり方しだいで面白くなる」ということに気づきました。そして、それからは毎日がどんどん楽しくなっていきました。

たとえば、コピーとり。「頼まれたからやる」と思えばとても退屈な仕事ですが、「この書類は誰が何のために使うのだろう」と予測し、そのための最高のコピーのとり方は何だろう、と考えてみます。

僕が新人社員のころは、コピー機がまだ現在のように進化しておらず、複写した紙は青く色がついてあまり読みやすいものではありませんでした。色がつく度合いを薄

くすることもできるのですが、そうすればするほどコピーに時間がかかる。そこで、僕は渡された原稿の内容と、文字の丁寧さ（当時の書類はすべて手書きでした）から、役員に提出する書類ならなるべく白く、個人の企画書の草稿であれば青のまま、部内の会議資料であればその中間、という具合に自分で判断して濃度を変えていました。コピーした紙をもつ上司の動きを見守って、白いコピーを役員室にもっていくのを見ると「してやったり」と、ひそかににんまりしていたものです。

仕事には必ず目的があることを理解し、まずはその目的を考え、次にその目的を達成するためのいちばんいい方法は何かを考えるようにすれば、仕事はおのずと楽しくなると思います。そして「この仕事はこうやるのがベスト」という方法を考えついたら、昔の人やほかの人はどうやっているのかを比べてみる。前任者のやり方を聞いて自分の考えたやり方のほうが優れていると思ったら、何だか勝ったような気がして嬉しかったものです。

人間の長所と短所は、「同じもの」である

日本人は、働くことを「会社の歯車になる」というようないい方をします。会社に入るということは「個性を殺して規格品になる」ことだと考えている人が多いのでしょう。しかし、その考え方は日本では通用してもほかの国でも通じるとはかぎりません。

僕は44歳からの3年間、日本生命のロンドン現地法人の社長を務めました。当時、現地には日本人会があり、赴任後間もなくして輪番制でその教育担当理事を拝命しました。

仕事のことはわかっていても、学校教育に関しては門外漢ですからよくわかりません。そこで何か参考にならないかと思って、連合王国（イギリス）の教育事情について少し調べてみました。すると、日本との大きな違いに驚きを隠せませんでした（ここは森嶋通夫さんが書かれた『イギリスと日本』〈岩波新書〉に詳しいのでぜひ参考

にしてください)。

連合王国では幼稚園に入るとまず教えられることがあります。

子どもどうしをお互いの顔を見せ合いながら「ＡさんもＢさんもＣさんもみんな顔が違うでしょう。顔が違うのだから考え方も違います。お互いにわかり合うためには、まず自分の意見をはっきり伝えなければなりません。また、自分の考えを伝えるときはわかりやすく話さないといけないんですよ」と繰り返し説くのだそうです。

「人はみな異なる考えをもつ」という大前提があって、それゆえコミュニケーションが必要なのだ、ということを丁寧に教えていくのです。

もう一つ、印象に残っていることは「ＱＵＥＵＥ《キュー》」という考え方です。これは「列をつくることや順番を守る」といった意味の英語です。「この社会は異なる考えの人が集まっているのだから、みなが自分の都合で好き勝手に行動したら大混乱が起きてしまう。そこで、駅で切符を買うときは早く来た人から順番に並ぶというようなルールができたのですよ」と由来を説くのだそうです。

連合王国では小学校の低学年までに、このコミュニケーションとＱＵＥＵＥという人間社会の基本理念を徹底的に教えているのです。

ひるがえって日本ではどうでしょう？　「ルールを守る」ということは厳しく教えられていても「人はみな異なる考えをもつことが当たり前だ」ということを学校で教わった記憶は、少なくとも僕にはほとんどありません。だから「組織に所属するということは、ほかのメンバーと同じように振る舞うことだ」という発想になって、歯車という比喩になってしまうのでしょう。「強い個性をぶつけ合いつつ秩序を維持していくためにルールがある」という順番ではなく、「秩序を守るために個性を殺す」という逆の発想になってしまうのです。

人間にはみな個性、つまり「角」があるのがふつうの状態です。そして、角がある限り、相手には引っかかるし、ぶつかり合えば痛いのもまた当たり前です。痛いからといってその角を丸く削ってしまったら、摩擦や軋轢は軽減されるかもしれませんが、それぞれの個性は削った分だけ小さくなってしまいます。つまり、もめごとは起こさないけれど、面白みのない人間になってしまうのです。

そういう人ばかりになると、確かに組織の秩序はよく保たれるでしょうが、組織全体のポテンシャルもまた小さくなってしまいます。だいたい、角を削りとられたような人間が楽しく生きられるとは、僕にはとうてい思えません。だから、僕はメンバーの角を削るようなマネジメントは大嫌いです。角は組織の秩序を多少は乱すかもしれませんが、うまく使えば強力な武器になるのです。

確かにゴツゴツ尖った石は扱いにくいというのも事実でしょう。だからといって、滑らかな丸い石ばかりで石垣をつくっても、そんなものはちょっとした衝撃ですぐに崩れてしまいます。ゴツゴツとした石をうまく組み合わせながら積んでいくには手間も時間もかかりますが、それができたときには非常に丈夫で強い石垣になっているのです。

僕自身、大きくゴツゴツした三角形でいたいし、一緒に働く仲間にもそうあってほしいと願っています。まかり間違っても小さな丸にはなってほしくないのです。「小さな丸より大きな三角」が僕の信念です。

「大きな三角」の考え方と相通じるものですが、僕は「長所を伸ばして短所をなくす」という考え方が大嫌いです。この考え方が日本の教育や企業をダメにしてきたといっても過言ではないと思っています。

人間の長所と短所は実際には「同じもの」です。

僕自身の性格にしても「決断が速い」と表現すればそれは長所になりますが、「気が短い」と表現すればそれはそのまま短所になります。「自分の意見をはっきり述べる」ということは「協調性がない」ということですし、「瞬発力がある」ということは「我慢強くない」ということでしょう。それこそが、かけがえのないそれぞれの人間の個性なのです。

つまり、短所をなくそうとすると同時にその人の長所までをなくしてしまうし、長所を伸ばせば同時に短所も伸びるのです。短所をなくそうとすれば三角の角が削られて、あっという間に「小さな丸人間」のできあがりです。企業の人事担当者などが「短所をなくす研修を」などと話すのを聞くにつけ、「トレードオフや人間のことをまるでわかっていないなあ」と痛感します。

僕は昔から気が短くて、小学生のときからしょっちゅうケンカをしていました。でも、周囲にはケンカがとても強い子どもがいてその子どもには絶対に勝てなかった。そうした経験から、「勉強ができることも大事だけれど、ケンカが強いことも同じように大事だな」と思い、自然と自分にない能力をもった相手を尊敬する気持ちが生まれていきました。

人を評価する基準は無数にあるものですし、人がもっていないところこそが、その人の個性であり、大切にすべきところなのです。

豊かな日本なら「やりたいこと」が、できる

２０１０年３月に国立大学の研究や教育内容などを評価して、各大学の２０１０年度以降の予算に差をつける「運営費交付金の評価反映分」の内訳が公表されました。国立大学のなかで最高評価を受けたのは奈良先端科学技術大学院大学（ＮＡＩＳＴ）という、生駒の山のなかにある学校です。

僕は、ベンチャー起業のディスカッションをするためにこのＮＡＩＳＴを訪れ、そのあと学生たちと飲みにいきました。そのなかに感心するくらいいろいろなことを知っている学生がいたのでよくよく彼の話を聞いてみると、大学を卒業してそのまま経済産業省に入ったものの、そこを３年で辞めてＮＡＩＳＴに入り直した、という変わった経歴の持ち主だったのです。

彼曰く、「役所では上司に指示されたとおりに法律案をつくるのが仕事で、来る日

も来る日もそれをやっているうちに疑問が湧いてきた。自分のやりたいことをもう一度考えて、迷った末にNAISTで勉強することにしたのです」というのです。続けて「NAISTは理科系の試験がなくて文科系の自分には向いていました。学費分くらいの貯金もあったので資金面の問題はなかったのですが、最大の難関は両親の説得でした」

彼は笑いながら話してくれましたが、確かにご両親にしてみれば、せっかく人も羨むエリートコースを歩んでいる息子がコースから外れて奈良県の山奥にある大学に行く、というのは常軌を逸した行動に見えたことでしょう。でも、彼はその大変な説得をきちんとやって自分の意志を貫いたのです。少し前の世代にとってはあり得ない選択かもしれませんが、僕は彼のような若者がいることを知り、この国の未来に明るい希望をもちました。

彼だけではありません。僕はびっくりするくらいまじめで優秀な若者に何人もめぐり合っています。ですから僕は日本の将来を大局的には楽観しています。「若者と女性のリーダーを増やすしくみをつくれば日本はうまくいく」というのが僕の結論です。

ライフネット生命にも変わった経歴のスタッフがたくさんいますが、なかでもとびきりの変わり者を紹介しましょう。彼は大学卒業後に「これからはインドの時代だ」と思ってインドのムンバイに渡り、ベンチャー企業の立ち上げに参画しました。聞けば大学入学まではパスポートももっていなかったそうですから、何とも思い切ったものです。そして、インドで活躍したのち「カレーを食べ飽きた」といって東京の外資系投資銀行に就職、財務分析などの力を培ったあと、香港のヘッジファンドを経て、その後僕たちの仲間に加わりました。

彼が来たときのライフネット生命はまだ起業準備をしている段階でしたが、彼が「10年以内にアジアに出る保険会社をつくりたい」と大きなことを話すので、僕も嬉しくなって「それなら一緒にやりましょう」と答えました。そして、彼は結婚したばかりにもかかわらず、すぐに入社を決めてくれたのです。30歳になったばかりの彼は、金融庁や株主との折衝を一手に引き受けてくれました。ライフネット生命が２０１２年に上場できたのも、すべて彼のおかげです。今は、別のベンチャーで水を得た魚のように元気で働いています。

人間は一人で生きているわけではないので、やりたいことをやるためには家族や親せきなど周囲の人たちの理解を上手に得る必要があります。しかし、多くの人は周りに気を遣い過ぎて自らを常識の枠に押し込めてしまっているようにみえます。でも、よく考えれば、豊かなこの国で好きなことをやる障害といえばそれくらいのものなのです。


好きなことをやりたいが、周囲に心配をかけたくない。

安定した仕事は捨てたくないが、やりがいも求めたい。

そうしたすべての要望を同時に満たす方法は、残念ながらこの世にはありません。

この世はすべてトレードオフなのですから、何かをとれば何かをあきらめざるを得ないのです。そして、それを十全に理解した人から順番に、次の行動に移れるようになるのだと思います。

▶第6章

「最後に勝つ」ために

日本人は、決して特殊ではない

　バブル崩壊以来、日本経済はずっと低迷を続けています。リーマン・ショック後もいち早く景気回復を遂げた中国や東南アジアを横目に日本だけが蚊帳の外といった状態です。「失われた30年」という言葉が重くのしかかっています。

　戦後、日本は焼け野原から急激な復興を遂げました。1960年代後半には既にGDPがアメリカに次いで世界第2位となっていましたから、まさに驚異的なスピードだったといえます。その後も成長は続き、1980年代にはハーバード大学のエズラ・ヴォーゲル氏が書いた『ジャパン・アズ・ナンバーワン』（阪急コミュニケーションズ）という本のタイトルに象徴されるように、日本的経営が世界中でもてはやされるようになりました。三菱地所がロックフェラーセンターを、ソニーがコロンビア・ピクチャーズを買収するなど、バブルがはじけるまでの日本はまさに経済大国の名をほしいままにしていたのです。
そして、この経験によって日本人は敗戦で失った自信を取り戻し、さらに自分たちのやり方は世界のなかでも群を抜いて秀でていると考えるようになりました。特にアジアのなかでは日本が盟主である、そうでなければならない、と考える人が増えました。だからこそ名目ＧＤＰが中国に抜かれたあと、自信を失い嫌中感が頭をもたげてきたのでしょう。

しかし、僕は日本人のやり方が飛び抜けて優れている、もしくは日本人がとりわけ優秀だとは思いません。そんなに優秀な人ばかりなら30年もデフレから脱却できないなんてことは起こらないでしょうし、国と地方の長期債務残高がＧＤＰの2倍以上に膨らむなどということも起こらなかったでしょう。少子化にしても、財政赤字にしても、もう何十年も前から問題が露呈しているのに、国はいまだに効果的な対策を施すことができていません。

僕の人間観は「人間はみなたいして変わらない」「人間はみなチョボチョボだ」というものです。どこの国にも賢い人もいればそうでない人もいるでしょうし、その賢い人とそうでない人の差だってそうたいしたものではないと思っています。

だからこそ、日本が戦後これだけ短い期間で繁栄を取り戻した理由は、日本人の勤勉さや日本的経営といった、従来から語られてきた部分〝以外にも〟探してみることが必要だと思っています。

戦後の成功体験は、三つの神風に助けられただけである

僕の考えでは、戦後の日本の驚異的な復興の主因は外から吹いた三つの「神風」の賜物です。ここでも、歴史と地域をみるタテヨコ思考を使ってみます。

敗戦直後、勝者である連合国の中心にいたのはアメリカでした。そのアメリカのト

ルーマン大統領が東アジアの秩序を維持するために最重要視していたのは中国国民党の蔣介石主席との太いパイプでした。敗戦国の日本はといえば、二度とアメリカに歯向かわないようにとGHQの統治下で徹底的な弱体化が図られていきました。

ところが、中国で内戦が起こり、中国国民党は人民解放軍に敗れ、蔣介石は台湾に敗走、代わって中国共産党の毛沢東主席が中華人民共和国の建国を宣言しました。意図が外れたアメリカは焦ります。アジアの共産主義化を防ぐべく、急きょ不沈空母として代替パートナーに選ばれたのが日本であり、結果として対日方針は弱体化から復興支援へと一八〇度転換されました。これが最初の神風です。要するにアメリカの「愛情」の対象が中国から日本に変わったのです。

いっぽう、日本国内では戦前の指導者層が追放されて若い人がのびのびとやれる環境が整ったところに、満洲・台湾・朝鮮半島などからおおぜいの人が引き揚げてきて一気に人口が増えました。そこに起こったのが朝鮮戦争です。この朝鮮戦争特需がきっかけになって、繊維・鉄鋼などの産業が発展し、その後の高度成長経済につながっていきます。

若いリーダー、急増する人口、そこに降って湧いた特需、これが第二の神風です。デービッド・アトキンソンは、なかでも人口の増加が高度成長の主因であったと実証分析しています。

さらに、デトロイト銀行の頭取でGHQの経済顧問を務めるジョゼフ・ドッジが経済安定九原則というものを定め、円とドルの交換比率を一ドル＝360円に固定しました（当時の実勢レートは優に500～1000円くらいはあったのではないでしょうか）。このドッジという人はなかなか頑固なおじいさんで、断固として財政規律の遵守を日本に叩き込みました。この一ドル＝360円体制は1971年まで続き、日本の輸出産業は円高に鍛えられて力をつけました。断固とした財政規律の遵守と固定相場制の強制、これが第三の神風です。

日本経済の復興に外的要因が強かった一つの証拠として、米ソの冷戦終結と同時に日本の経済的な凋落がはじまったということが挙げられるでしょう。それまではアメリカからいわば超法規的に東アジアにおける要石《かなめいし》として軍事的・経済的な役割を与えられていたわけですが、冷戦終結でそれが「お役御免」になってしまったというわけです。

もちろん、戦後の大変な時代、日本人が勤勉に働き必死に努力した結果、これだけの経済的復興がもたらされた、というのは事実の一端ではあるでしょう。でも、広く世界に目を転じてみれば、追い風を吹かせたこれだけの特殊要因があったことも、また疑いようのない事実なのです。

今、そしてこれからの日本を考えるとき、日本における戦後の経済発展を振り返り、大局的に分析する作業は欠かせないと思います。年配の指導者たちにとっては戦後の復興こそが最大の「成功体験」です。これからの日本をつくっていく若い世代は、彼らがよりどころにしている成功体験の本質について、今一度冷静に考えてみることが必要だと思います。

日本人は、本質的な問題を考え抜く訓練を受けていない

日本人は決して特殊ではないと繰り返し述べてきましたが、「最終的に勝利するために何をするか」といった本質的、戦略的な問題を徹底的に考え抜くという訓練をあまり受けていないのではないか、と感じることがあります。これは民族性などではなく思考法の訓練の問題です。

たとえば、冷戦時代、アメリカを同盟国としている日本にとっての仮想敵国はまず当時のソビエト連邦でした。それなのに、1980年代後半から東京外国語大学のロシア語学科は定員割れになっていたのです。それを知った連合王国大使館の友人は僕にこう話しました。

「もし日本の指導者が本気でソ連邦を敵国と想定しているなら、授業料を無料にするとか全員を奨学金付きで留学させるとか、あらゆる手段を使ってロシア語を勉強する学生を増やすはずだ」

本気で戦って勝とうと思うなら、相手の国の言語に通じている人材を国を挙げて育成することが常套手段です。それなのにロシア語学科が定員割れしても誰も騒がないのですから、日本人の危機感はその程度のものだったのでしょう。

また、これはあまり知られていないことですが、第二次世界大戦中、日本のほかに連合王国にも「特攻隊」が存在しました。ただし、日本の特攻隊員が予科練で訓練を受けた若者であったのに対し、連合王国では受刑者によって特攻部隊が組織されたのです。受刑者だから死んでもいい、ということではありません。犯罪歴のある彼らは要塞に侵入することなどに関しては一流のノウハウをもっている、連合王国政府はその高い能力を戦争に利用しようとしたのです。

戦闘中に兵士が捕虜になったときの対応にも差がありました。

日本兵にはそもそも「負けること」を想定した訓練がなされていません。だからこそ、とにかく玉砕してしまう。さらに、捕虜になったあとも自殺する、もしくは敵に取り入って生き延びようとする、といった極端な行動に走ることが多かった。これに対して連合王国の兵士には「負けること」を想定した訓練がなされていました。「まずは捕虜になって生き延び、口うるさく食事を要求し、敵の食料を減らすこと」といった「負けた場合の行動」までが明確に指導されていたのです。

長い戦いのなかでは、どこかの局地戦で負けることがあるのは当然です。だからこそ、「最終的に勝つ」ためにそのときどきで何をなすべきか、それを常に考え、実行していかなければならないのです。

必要なのはスローガンではなく、人を動かすしくみ

ここのところ東アジアで躍進著しい国といえば中国やインドがまず挙げられます。日本はどうかというと状況は明らかに停滞しています。米中の対立は大きな懸念材料ですが、欧米の関心もこれから伸びる国々に移っており、日本はバッシングの対象にもならずパッシング（素通り）されている状態だというのが多くの方の共通認識でしょう。

この状況を招いた最大の要因は、リーダーの不在だと思っています。今の日本には、前例のない局面に立たされても動じず、明確なビジョンを示してその方向に人々をグイグイと引っ張っていくことのできる、問題解決能力と力強さを兼ね備えたリーダーが政界にも経済界にも見当たらないのではないでしょうか。

言葉を換えれば高度成長の成功にあぐらをかき、次世代のリーダーを輩出するしく

みをつくってこなかったツケが回ってきたのです。リーダーは勝手に育つものではないのです。リーダーの素質をもつ人を見定めて多くの経験を積ませ、上に上がっていけるような、国を挙げての「リーダーを育てるためのしくみ」をつくらなければなりません。それを早急につくらないと日本は近い将来没落し、二流国としての扱いしか受けられなくなるでしょう。もちろん、僕は自分の生まれ育った国がそうなることを望んでいないし、そういう運命を甘受しようとも思いません。

社会の情勢が思わしくないとき、「市民の意識が低い」「リーダーの見識がない」「メディアのレベルが低い」といった説明がなされることが多々あります。でも、僕はこうしたことの理由を「意識」や「見識」といったわけのわからないもののせいにするのは間違っていると思います。何かを変えたいときに注力すべきは「意識」ではなく「行動」です。言い換えれば、適切な行動を起こさせるような「しくみ」が必要なのです。変化を起こすためにはスローガンを叫んでいてもあまり意味はありません。人を動かすしくみを社会のあちこちにたくさんつくっていけばいいのです。

「リーダーを育てるしくみ」もそんなに難しいものではないはずです。一つか二つすぐ実行できる簡単なアイディアを並べてみましょう。

一つは、法人税法をちょっと改正して、外国人を大量に採用する企業や女性を数多く役員に登用する企業には税金を優遇する、という案です。

日本の企業の競争力は基本的には株価に集約されます。なぜ、日本企業の評価が低いのか、それは役職員に外国人や女性がほとんどいないからです。外国人がいなくてどうしてグローバル企業として外国人のニーズに対応できるというのでしょう。

僕はライフネット生命を起業するまで、総長室アドバイザーとして東京大学のお手伝いをしていましたが、東京大学に留学している優秀なアジアの学生でさえも日本では就職の機会が十分にはなく、泣く泣く母国に帰って行かざるを得ないのです。これでは、わが国の大学が海外から高く評価されるはずがありません。外国人に門戸を閉ざしているわが国の大学や企業の国際競争力が劣化しつつあるのは理の当然です。

また世界の半分は女性ですから、女性のリーダーがいなければ女性のニーズに対応できないことは当たり前です。同様に、一定割合以上若者や女性の候補者を立てない政党には、政党交付金を削減すればいいのです。

もう一つは、前に述べたように、経団連に所属しているような有名企業は大学院卒か大学卒業後一定年数以上経過した人しか採用しない、という案です。

学部の新卒学生を採用して自分の会社の色に染め上げる、という方式は何も考えずに号令にしたがって行動する兵隊のような労働者を育てるのであれば効率的ですが、これから企業が生き残るために本当に必要な人材はそれでは育ちません。新卒一括採用、しかも3年生からの青田買いは大学生の貴重な勉学の機会を奪うものであり、百害あって一利なしです。だから、こんなバカげたことはさっさとやめるべきです。

とはいえ、一社で踏み切るのもなかなか勇気のいることでしょうから、日本を代表する企業が一斉に舵を切って見本を示せばいいのです。

在学中に就職活動をする必要がなくなれば、大学生は4年間きちんと勉強し、卒業後も留学や世界放浪、ボランティアやインターンなど、さまざまな経験を積むことができます。そうやって人間的に厚みを増した将来のリーダー候補を採用することこそ、企業にとって本当の即戦力の採用になるのだと思います。

日本人の本質は、どんどん外に出て行く海洋民族である

歴史マニアを自称する僕ですが、多くの人が興味をもつ「江戸時代」については最低の評価を下しています。その理由は統計データにあります。

江戸時代末期のデータを調べると、当時の日本人男性の平均身長は154センチメートル、体重も50キログラム程度と他の時代と比較してもかなり小さいことがわかります。これが何を意味するかといえば、当時の栄養状態がよくなかった、ということです。

この原因は江戸幕府の鎖国政策にあります。確かに日本は南北に長く、雨も多いために植生が豊かで多様性があり、また四方を海に囲まれていて海洋資源にも恵まれて

います。しかし、鎖国して他国と交易を行っていない状態では、ひとたび飢饉や凶作に見舞われるとたちまち食料が底をつき、市民は飢え、餓死者が続出する有り様だったことが容易に想像できます。

もちろん、外交がほとんどない分、幕府は内政に専念できるなど、鎖国にもそれなりのメリットがあったことは否定しません。僕自身、江戸文化、とりわけ文楽や歌舞伎、浮世絵などが大好きです。しかし、閉じた世界は一見安定しているようでも変化に弱く、日常的に外部からの刺激を受けないのでマンネリ化し、活力は失われていきます。「開かれていること」を基本の価値観とする僕からみればぞっとする時代ですし、市民に満足に食べさせてやれないような統治者は無能というほかはありません。だからこそ、徳川の治世270年間に自分の子どもや孫が生まれなくてよかった、と心から思うのです。

僕は、日本が本当に豊かだったのは、現在を別にすれば、室町時代から安土桃山時代にかけてだったと思っています。たとえば、織田信長が交易を推奨したので、海外との交易が盛んに行われ、国内には異国の文物がどんどん入ってくる。当時、銀は基軸通貨であり、貴重な輸出品となりました。16世紀のある時期には世界で流通する銀の3分の1は日本産だったという記録が残っています。GDPから見ても当時の日本は世界第5位、まさに日本は黄金の国ジパングだったのです。そして、外部との交流が盛んになると、野心に満ちあふれ、進取の気性に富んだ人間がこぞって国境を越えて外へ出ていきます。

山田長政はタイ・アユタヤ王朝に渡り、日本人町の頭領となって活躍し、国王からセーナーピムックという官位を授けられました。山田長政は日本にいるときには「かごかき」をしていたともいわれており、まさに己の才覚一つで海外に出て成功し、外国で、今でいうところの国防次官に匹敵するくらいの高い地位を得てしまったのです。

あるいはルソンで豪商として名を馳せ、巨万の富を得た呂宋《るそん》助左衛門などの例もあります。日本という島国で安住するのをよしとせず、海外に活路を見いだそうという人間がいかに多かったかということは、この時期東南アジアのあちこちに日本人町ができたのを見ればよくわかります。遠くメキシコにまで日本人町があったのです。この時代の日本人の素晴らしさは、若桑みどりさんが感動的な小説（『クアトロ・ラガッツィ』／集英社文庫）にまとめあげています。

また、さらに歴史を遡ってみれば、13世紀から16世紀にかけて東シナ海を暴れまわっていた倭冦は日本人と中国人、朝鮮人の海民がつくった「海の共和国」であり、奈良時代の阿倍仲麻呂は遣唐使として中国に渡海し、そこで安南節度使に命じられています。今でいえば日本人の優秀な大学生が海外留学の末にベトナムで知事になったようなものです。

このような例は、探せばいくらでも見つかります。

四方を海に囲まれた日本において、日本人は昔から外へ外へと出て行きました。鎖国のような政策が続くのはいっときのこと、僕たちは本質的にはいつも開かれた海洋民族だったのです。だからこそ、僕は国を開き、どんどん外へ出ていくのが歴史的に見ても正しい、これからのわが国のあり方だと思うのです。

「外に出る」ことを考えるとき、僕はいつも母校である三重県立上野高校の校歌を思い出します。繰り返し歌ったその校歌は「我らの望み　山々を　越えて　溢れて　外に出ん」という一節で終わります。山に囲まれた地方の小さな学校にまで、「いつかは外に出てやろう」という進取の風土があり、それを歌詞にした人がいたことにいつも胸を打たれるのです。

これからの社会に必要なのは、「下克上」と「共助」である

ロックバンド「サザンオールスターズ」がデビューして、一気に人気をさらっていたころのことです。ある飲み会で大銀行の幹部と口論になりました。彼は「桑田佳祐のような正しく日本語の発音もできないような歌手が、売れて人気者になって僕より

稼いでいるなんて許せない」というのです。最初は聞き流していたのですが、あまりに相手がしつこく繰り返すので思わず反論してしまいました。

「あなたのようにひたすら勉強して、一流大学から一流企業に入った人だけが偉くなり、金持ちになる社会が本当に面白いと思いますか？　ひたすらギターを弾いていて日本語がいい加減だって、才能と運があれば成功と一攫千金のチャンスがある。そういう社会のほうがよほど健全だとは思いませんか？」

階層化し、固定化した社会に活力が生まれるはずはありません。僕はやる気のある人、才能のある人がどんどん上に上がってこられるような下剋上の社会をつくるべきだし、日本がそうあってほしいと心底思っています。

もう一つ、これからの社会に必要だと思っているのは、人と人が助け合うしくみ、すなわち「共助」のしくみです。人間は、一人では生きていけない弱い生きものです。助け合いには「自助・共助・公助」という三つがありますが、これからの所得が減少していく時代に個人に自助を期待するのは酷な面がありますし、政府がこれだけの借金にあえいでいる現状では、公助に頼ることも論外でしょう。

そうであれば、残る「共助」のしくみを強化していくしかありません。ライフネット生命の事業である生命保険は共助の最大のしくみの一つだと思いますが、外国でよく見られるシェアハウスやコレクティブハウスなども共助の典型例ではないでしょうか。ほかにも、もっといろいろな助け合いのしくみが生まれてきてほしいと心から願っています。

本書は２０１０年６月、英治出版より刊行された『「思考軸」をつくれ』を加筆修正し、大幅に改訂したものです。

ブック・デザイン——小林敏明
帯写真提供——APU
DTP制作——Office SASAI
編集——杉田　淳

出口治明（でぐち はるあき）

1948年三重県生まれ。立命館アジア太平洋大学（APU）学長。ライフネット生命創業者。京都大学法学部卒。1972年、日本生命に入社。ロンドン現地法人社長、国際業務部長などを経て2006年に退社。同年、ネットライフ企画を設立、代表取締役社長に就任。2008年に免許を得てライフネット生命と社名を変更、2012年上場。社長・会長を10年務めたのち、2018年より現職。『人生を面白くする 本物の教養』（幻冬舎新書）、『全世界史（上・下）』（新潮文庫）、『人類5000年史（Ⅰ～Ⅲ）』（ちくま新書）、『座右の書「貞観政要」』（角川新書）、『哲学と宗教全史』（ダイヤモンド社）、『還暦からの底力』（講談社現代新書）など著書多数。

扶桑社新書 368

カベを壊す思考法

発行日 2021年3月5日　初版第1刷発行

著　　者………出口 治明

発 行 者………久保田 榮一

発 行 所………株式会社 扶桑社

〒105-8070

東京都港区芝浦1-1-1 浜松町ビルディング

電話 03-6368-8870（編集）

03-6368-8891（郵便室）

www.fusosha.co.jp

印刷・製本………中央精版印刷株式会社

Printed in Japan　ISBN 978-4-594-08733-3